普通高等教育印刷与包装类专业规划教材

武汉大学规划教材建设项目资助出版

数字内容管理

李治江　曹丽琴　赵建君　刘振　主编

WUHAN UNIVERSITY PRESS
武汉大学出版社

图书在版编目(CIP)数据

数字内容管理/李治江等主编.—武汉：武汉大学出版社,2021.4
普通高等教育印刷与包装类专业规划教材
ISBN 978-7-307-21985-4

Ⅰ.数… Ⅱ.李… Ⅲ.数字信息—信息管理—高等学校—教材
Ⅳ.G203

中国版本图书馆 CIP 数据核字(2020)第 234981 号

责任编辑:林 莉 沈继侠 责任校对:李孟潇 版式设计:马 佳

出版发行：**武汉大学出版社** （430072 武昌 珞珈山）
（电子邮箱：cbs22@ whu.edu.cn 网址：www.wdp. com.cn）
印刷:武汉市宏达盛印务有限公司
开本:787×1092 1/16 印张:9.75 字数:231 千字 插页:1
版次:2021 年 4 月第 1 版 2021 年 4 月第 1 次印刷
ISBN 978-7-307-21985-4 定价:35.00 元

前　　言

随着互联网技术和信息产业的快速发展，印刷工程这一传统的信息复制与再现产业在内涵和产业形态上都发生了巨大变化，不再局限于传统媒体，而是集信息、服务、制造等产业属性于一身，面向文化、传媒、电子产品制造、新型文化消费品生产等各种领域。传统的页面元素、页面组织方式、数据加工方法、再现与输出的介质和技术都发生了巨大变化，传统的印刷、出版内容管理技术已经难以适应新的数据特性。自 20 世纪 90 年代开始，数字内容管理的概念和技术体系日渐成熟，逐渐明确为以数字内容的获取、存储、管理与重复利用为目标，广泛应用于新闻、出版、印刷、文化传媒产业等诸多涉及媒体内容服务的行业和领域。

目前国内数字媒体技术、印刷工程、计算机应用等多个专业都开设有数字内容管理课程或相关课程。2010 年教育部高等学校轻工类专业教学指导委员会制定了《普通高等学校印刷工程本科专业规范》（后称《专业规范》），其中将“数字内容管理”列为印刷工程专业的核心课程。根据专业规范，数字内容管理的主要知识单元包括数字内容管理基本概念、素材与文件格式、元数据、数据存储技术、数据检索技术、数据表达、数据安全、数字内容管理系统集成与应用等部分，在系统学习基本理论和相关技术的基础上，结合专业特点和实际需求，使学生掌握数字内容的获取、处理、检索与发布相关的技术。本书可作为高等院校印刷工程、数字媒体及其相关专业的“数字内容管理”课程的教材，也可作为相关领域技术人员的参考书。

全书分为七章，其中第一章较为系统地介绍了数字内容的基本概念及其应用，第二至六章分别按照数字内容获取、管理、存储和发布的数据处理流程进行组织，第七章则结合实际应用，介绍了典型的数字内容管理系统。全书侧重基础概念和技术的介绍，具体的课件、实践内容、学习案例和参考资料将同步在课程网站上发布，欢迎各高校师生采用和提出宝贵意见。

本书由武汉大学李治江、曹丽琴、赵建君和曲阜师范大学刘振主编，全书由李治江统稿，具体分工如下：李治江负责第一章、第五章和网络资源建设，曹丽琴负责第二、三章和部分课件，赵建君负责第四、六章，刘振负责第七章和部分课件。在编写过程中，李建宁、郑颖萍、夏圣青、俞文茜、杨鹏、徐钰坪、徐慧婷等同学都不同程度地参与了资料收集、内容整理和资源建设的相关工作。

本书在编写过程中参阅了大量的经典著作和参考文献，苦于数量众多，无法一一致谢，敬请谅解。由于编者理论知识与实践经验的局限性，本书存在的不足与疏漏之处，恳请各位专家和读者进行批评指正。

编　者

2020 年 11 月 4 日

目　录

第 1 章　数字内容概述

本章立足于数字内容、数字内容管理的概念、数字内容管理的发展和挑战，以及数字内容管理应用领域，旨在引导读者对数字内容管理概念形成清晰、具体的认识。

1.1　内容与数字内容

1.1.1　内容

内容的管理离不开信息的建立、表现和交换，以及信息载体的收集、组织和存储。信息与数据有着十分密切的关系，同时也非常容易混淆。因此，在定义“内容”之前，需要先区分“数据”和“信息”两个概念。

1. 信息与数据

信息的基本理念和信息管理技术源自于图书馆和档案的发展。1950 年美国科学家维纳（N. Wiener）提出：“信息就是我们在适应外部世界，并把这种适应反作用于外部世界的过程中同外部世界进行交换的内容的名称。”1979 年我国著名科学家钱学森撰文指出：“从系统工程的技术角度看，情报资料、图书、文献和档案都是一种信息。”最早对“信息”进行科学定义的是通信领域，目前，计算机和通信技术的发展推动人类逐渐进入信息社会，“信息”一词在人们的生产生活中被广泛使用。然而，对于什么是信息，仍然是仁者见仁、智者见智，尚且没有公认的定义。

本书定义的信息（Information）是指经过加工处理后的对用户有用的数据，是人类社会中的一种重要资源。它可以用来描述事物之间相互联系、相互作用的现实状态和情况，对个人或者组织具有很大的利用价值，是人们从事某项工作和行动所需要的依据。而数据（Data）指的是未经加工的事实或对特定现象的描述，是对客观世界中的这些事实或现象观察以后记录下来的可以鉴别的符号，具体包括事实性的数字、文字、符号、图像、表格、声音等记录符号。这些记录符号是客观实体的属性值，难以具体地传达有价值的含义，因而最终数据将被转换为对人们有用的信息。数据和信息两者之间具有一定的转换和层次性关系。从信息的本质属性来看，信息的表现形式是数据，信息是从数据中提炼出来的，因而并非所有的数据都是信息。数据是信息的载体，信息是数据的含义。

2. 信息的特点

信息具有的特点多种多样，包括客观性、存储性、传输性、时效性、可共享性、可再生性、可靠性、有用性、相关性、正确性、可理解性、一致性和易读性，等等。以下详细描述其中的几种特性：客观性、存储性、传输性、时效性、可共享性和可再生性。

（1）客观性。客观事物发出的信息，不管是否被人们所感知，都是客观存在的，其存在都是不以人的意志为转移，是客观事物的具体反映。所有物质，无论是在自然界还是人类社会，都有其存在的方式或运动状态，从而都可以发出信息，成为信息源。物质的状态、运动、相互作用的状况和结果都会形成信息。

（2）存储性。信息存储是将经过加工整理序化后的信息按照一定的格式和顺序存储在特定的载体中的一种信息活动。其目的是为了便于信息管理者和信息用户快速地、准确地识别、定位和检索信息。

（3）传输性。信息可以通过文本、书刊、计算机、互联网等各种媒介传输和扩散，信息甚至可以脱离源事物而相对独立地存在，因此信息可以通过一定的手段在时间和空间上实现转移。信息借助互联网、电话、电视等传递手段实现在空间上的转移称为信息传递。

（4）时效性。信息时效性的本质是信息获取、传递和利用的及时性。信息的时效性指的是信息获取、传递和利用的时间间隔及其效率，时间间隔越短，使用信息就越及时，使用的效果也就越好。

（5）可共享性。信息需要依附于信息载体才能为人们所共享，这也是区分信息与物质的重要特征之一。信息载体包括语言、文字、图像、纸张、磁带、光盘、硬盘甚至生物存储载体等。信息只能共享而不能交换，这是它与物质的本质区别。信息也只有实现共享，才成为一种有价值的资源。

（6）可再生性。信息是具有价值的，信息的价值性还表现在信息的可再生性方面，即信息在传输的过程中会不断增添进新的内容。同时当信息的某种价值随着时间的推移消失时，另一种价值的用处可能又显现出来，这就是信息的可再生性。

3. 内容的定义

“内容”一词对应的英文翻译是 Content，来源于拉丁文中的 Contentus，最早出现在16 世纪。内容是从代表不同媒体和信息种类的文章中集合而来的，既可以指信息的片段，也可以代表信息表达的意义。因此，“内容”一词目前并无统一定义，其内涵通常取决于不同语境。可以把非结构化数据定义为内容，也可以把出版信息视为内容。在电子商务领域，网上发布的各种信息均被视作内容，而在传媒领域，内容指的则是图书、讲话、节目等出版信息中的章节片段和主题主旨。1998 年，经济合作与发展组织（OECD）对内容在传统媒体方面的界定是：内容是指一般意义上的多媒体视听和音乐内容，并具有物理维度，如书本、音乐唱片以及以文本实体方式存在的研究报告等。

本书定义的“内容”指的是结构化和非结构化的文字、图像、音频、视频、动画、软件、流媒体等信息。

1.1.2　数字内容

1. 媒体与数字媒体

媒体又称媒介或媒质，其英文单词是 Medium，源于拉丁文的 Medius，其含义是中介、中间的意思，常用复数形式 Media。同时，媒体又是信息交流和传播的载体。“现代大众传播学之父”施拉姆（Wilbur Schramm）认为“媒体就是插入传播过程之中，用以扩大并延伸信息传送的工具”。传播学研究领域最有影响的媒介研究学者、加拿大多伦多大学教授麦克卢汉认为“媒体就是信息”。

公认的媒体包括下面两层含义：① 传递信息的载体，是由人类发明创造的记录和表述信息的抽象载体，也称为逻辑载体，如文字、符号、图形、编码等。② 存储信息的实体，如纸、磁盘、光盘、磁带、半导体存储器等。载体包括实物载体，或由人类发明创造的承载信息的实体，也称为物理媒体。在依照定义的基础上，可以把媒体分为以下几类：按照信息的表现形式，媒体可分为语言媒体、文字媒体、音乐媒体、图形媒体、动画媒体和视频媒体等；按照载体的种类不同，媒体可分为报纸、信件、电话、计算机、网络等；按照不同应用方式，媒体可分为印制媒体、幻灯、电影媒体、广播电视媒体、计算机媒体、计算机多媒体、网络媒体等；按照媒体产生的时间和历史，媒体又可以分为新媒体和旧媒体（或传统媒体）。

国际电信联盟（International Telecommunicationunion，ITU）和国际标准化组织（International Organization for Standardization，ISO）都从技术的角度将媒体分类为感觉媒体、表述媒体、显示媒体、存储媒体和传输媒体。这一分类对互联网、广播电视等电子媒体的概念具有极大的指导意义。

数字媒体（Digital Media）通常指通过计算机以二进制数的形式记录、储存、处理、传播和获取信息的媒体。数字媒体包括两个方面：信息和媒介。其中，信息的内容要采用二进制表示；媒介用于储存和传播二进制信息。可以这样理解数字媒体的含义：数字化了的信息通过某种媒介传播就构成了数字媒体。数字媒体兼具数字化特征和媒体特征。有别于传统媒体的是，数字媒体的特点不仅在于内容的数字化，更在于其传播手段的数字化。如互联网媒体（包括网络广播、网络电视、网络报纸、网络杂志、博客、播客、维客、网络游戏、社交网站和各种下载业务）、手机媒体（包括手机电视、手机广播、手机报、手机游戏、短信、微博、微信）和电视媒体（包括数字电视、IPTV、移动多媒体广播电视以及像户外电视、楼宇电视这样的公共视听载体）等。

本书所涉及的“数字媒体”概念是指以数字方式编码、存储、传输和表现的文本、图形、图像、音频和视频等数字化的媒体数据信息。

2. 数字内容的定义

1998 年，经济合作与发展组织（OECD）对内容在新媒体方面的定义是：内容是综合集成数字化文本、资料、视听内容等多媒体服务，并主要依托数字终端或互联网进行传播、销售和发现，典型形态如电子书、MP3 音乐文件、新闻、游戏、软件以及在线销售的研究报告等。可以从上述定义中看出，数字内容指通过数字技术进行编码的文字、图像、声音、动画等信息，存储在光、磁等介质上，并通过互联网或数字终端传输和展示出来的资源的总和。

本书以媒体产业为背景，这里的“数字内容”是“数字媒体内容”的简称。按照电影与电视工程师学会（Society of Motion Picture and Television Engineers，SMPTE）和欧洲广播联盟（European Broadcasting Union，EBU）特别任务组的定义，认为数字内容由素材和元数据两个要素构成。在本书讨论的数字媒体背景下，我们可以认为数字内容=素材+

元数据，如图 1-1 所示。

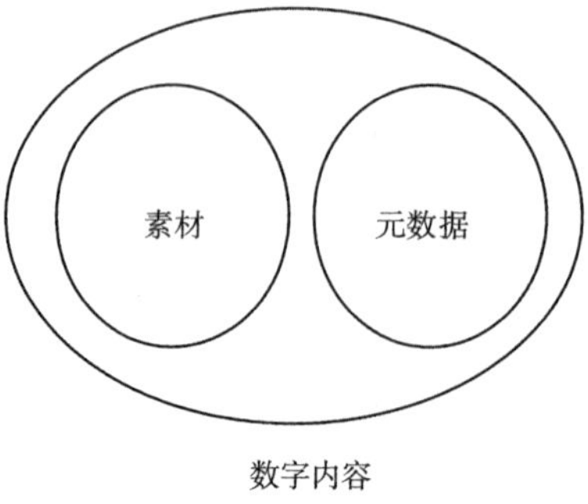

图 1-1　数字内容的构成

这里的素材是指图片、图像、音频、视频、动画或者文本等多种数字媒体信息，主要用于内容的表现，通常以不同格式的数字文件形式进行存储。上述提到了数字媒体的概念，其实，在广播电视行业中也经常将媒体数据称为素材（Essence）；元数据（Metadata）是“数据的数据”，是对数据的标识，用于描述素材及素材的不同表现形式，也用于描述对素材进行相关说明的数据。元数据的作用是方便用户对内容的查询检索和追踪保护。本书将在第二章的第 2 节详细介绍素材和元数据。

1.2　数字内容管理

1. 数字内容管理技术的产生和发展

数字内容管理是伴随着信息技术的发展而逐渐产生的技术范畴。

20 世纪 80 年代，数据库技术开始应用于数字内容管理，以方便用户对纸质出版物进行联机检索，满足了一致性、安全性及共享性的需求，这一阶段的数字内容管理在本质上还仅仅是对文本（文字）信息的管理。

20 世纪 90 年代，存储局域网技术冲破了并发带宽的限制，标志着媒体数字化进程的基础数据条件的成熟，加之出现了多媒体计算机，于是，数字内容管理的任务变成了实现对多媒体数据的管理。1995 年，IBM 公司开发出了数字图书馆软件系统，利用的是 DB2 数据库技术，并在此基础上开发了基于 DB2 Content Manager 的内容管理平台。此后十年，IBM 公司利用 DB2 Content Manager 的内容管理平台，将内容管理应用到了银行、保险、出版、广播、电视等多个行业。1999 年，美国有线新闻网（Cable News Network，CNN）为提高工作能力，保存珍贵资料，协同 IBM 和 Sony 共同开发了具有代表性的媒体内容管理系统。这个系统的功能涵盖了媒体内容的采集、处理、存储、检索和发布等方面的工作，以数字方式管理着 12 万小时的档案资料，而且这些资料以每年 2 万小时左右的速度增加。

2002 年开始，数字内容管理及其相关的系统逐步应用于国内广电及影视相关的媒体。数量庞大、内容珍贵的媒体资源在再生产和多渠道分发上意义重大。如何完好保存这些珍贵资源，使得对电视媒体进行数字内容管理，实现工作情境下互联互通、资源共享的迫切性大大增强。2003 年 9 月，国内最大的中央电视台中国广播电视音像资料馆系统投入测试及试运行，之后便开始了大规模的数字化工作。目前，国内有多家 IT 公司可以提供数字内容管理的方案和相应的集成系统，如中科大洋、新奥特、开普云、方正、联想等公司。

2. 数字内容管理的定义

数字内容管理（Digital Content Management，DCM）是指运用先进的技术手段、科学的理论方法，对数字媒体内容进行计划、组织、存储、控制和开发利用的管理活动。目的是使内容的利用效率最大化。建立一个能够实现对数字内容资源进行统一调配、集中管理与多渠道分发的、便捷高效的数字内容管理系统，将极大地提升数字内容服务平台的质量，其社会、文化和经济价值不可低估。

在 1.1.2 节中定义了数字内容由素材和元数据组成，依此，可以定义数字内容管理（Digital Content Management，DCM）即是对素材和元数据的管理，即运用相关的技术和理论方法，对素材和元数据进行数字化采集、转码、编目、存储和发布，以满足数字内容在信息检索、资源共享、内容复用等方面的需求，使数字内容的利用率大大增加，从而使数字内容所有者和消费者的收益最大化。

3. 内容管理系统

内容管理系统（Content Management Systems，CMS）支持信息的创建、管理、分发、发布和发现。内容管理系统并没有标准的数据集，相反，有一组技术、标准和实践可以为组织带来内容智能管理，这些包括：SQL 数据库（ODBC）、中间件语言（PHP、ASP、ColdFusion、Django、Joomla、Drupal...）、管理层（授权、登录、权限）、审批系统（组织指挥链）、工作流系统（具有各种访问权限的人员及其角色和序列的知识）、业务逻辑层（将正确内容交付给正确受众的程序和脚本）、表示层（HTML、XML、XSLT CSS、JavaScript 和 AJAX，用于格式化…）、内容（文本、图像、视频、音频、flash、swffiles 等）。

内容管理系统的类型包括：

（1）企业内容管理系统（Enterprise Content Management System，ECMS），一个核心的 Web 内容管理系统，具有管理更广泛的组织信息的附加功能。这通常包括文档管理、记录管理、数字资产管理或协作功能。

（2）文档管理系统（Document Management System，DMS），旨在协助组织管理文档的创建和流动，通过提供一个集中的存储库和工作流，封装了业务规则和元数据。数据管理系统的重点主要是存储和检索自包含的电子资源（以其原始格式）。

（3）记录管理系统（Records Management System，RMS），信息系统获取、维护和提供记录，包括管理物理（纸质）记录和电子文档。

（4）数字资产管理系统（Digital Asset Management，DAM）支持组织内数字对象的存储、检索和重用。DAM 不同于文档管理和企业内容管理，它侧重于多媒体资源，如图像、视频和音频。DAM 通常还提供权限管理功能。

（5）品牌管理系统（Brand Management System，BMS）是更通用的 DAM 类产品在广

告和促销材料管理中的具体应用。

（6）学习管理系统（Learning Management System，LMS）使培训和其他学习的管理自动化。这包括学生注册、管理培训资源、记录结果和一般课程管理。学习管理系统的设计是为了满足专业培训师和其他教育工作者的全部需要。

（7）学习内容管理系统（Learning Content Management System，LCMS），学习内容管理系统结合内容管理系统（CMS）的能力与学习管理系统（LMS）。这使得它们既可以管理培训材料的内容，也可以管理课程本身。

（8）地理信息系统（Geographic Information System，GIS）是一种特殊用途的计算机系统，用于捕获、存储、检索、分析和显示空间（位置参考）数据。

4. 数字内容管理流程

数字内容管理包含了数字内容获取与表达、数字内容组织、数字内容存储与迁移、数字内容检索、数字内容发布与安全等方面的任务，本书的后续章节将围绕这些方面展开讨论。

以“雅昌艺术家数字资产管理系统”为例，对艺术家作品进行数字内容管理，主要包括以下内容：

首先，需要将艺术家原作及相关艺术成果，通过拍摄、扫描等数字化手段，进行数字化处理，转化为艺术家的数字资产，即数字内容获取与表达。

其次，对这些内容进行标注分类，形成艺术家个人数据库，即数字内容的组织；然后将数字内容存储于网络服务器或硬盘，即数字内容的存储。

最后，在个人官方网站展览或纸质画册出版，以及在媒体宣传推广、后续艺术品复制及衍生产品开发，则属于数字内容的检索与发布。

图 1-2 为数字媒体内容管理的基本工作流程，主要包括了两个部分，分别是数据生产和数据再利用。其中，数据生产过程中包括了内容的获取与表达，数字内容的组织以及存储，而数据的再利用中包括了数据的检索，内容的安全与发布。

数据生产包括数字化采集、编目加工、转码中心、存储管理中心、工作流服务平台等环节。

数字化采集主要工作是将数字内容资料，按照系统所要求的数据标准，转换成统一标准的数据在系统中进行储存和再利用。数字化采集主要包括预处理、工作站采集、服务器采集、远程播控传输等几个部分。

编目加工是数字内容管理系统的核心工作之一。数字化采集完成后，将会启动编目主流程和编目子流程。

转码中心的工作不需要人工干预，其主要工作包括数据编码格式的转换、码流转换、文件格式转换、远程数据传输及转换等。涉及的应用子程序包括服务器采集、工作站采集、音频采集、远程播控数据传输、远程发布等。

存储管理中心采用的管理结构是分布式的、面向对象的存储，可以通过各种策略实现对数据的分级存储。存储管理中心涉及的应用子系统包括数据采集系统、下载系统、视听审看系统等。

工作流服务平台的核心工作是实现数据流转，在业务系统进行流程调换或更改时，如

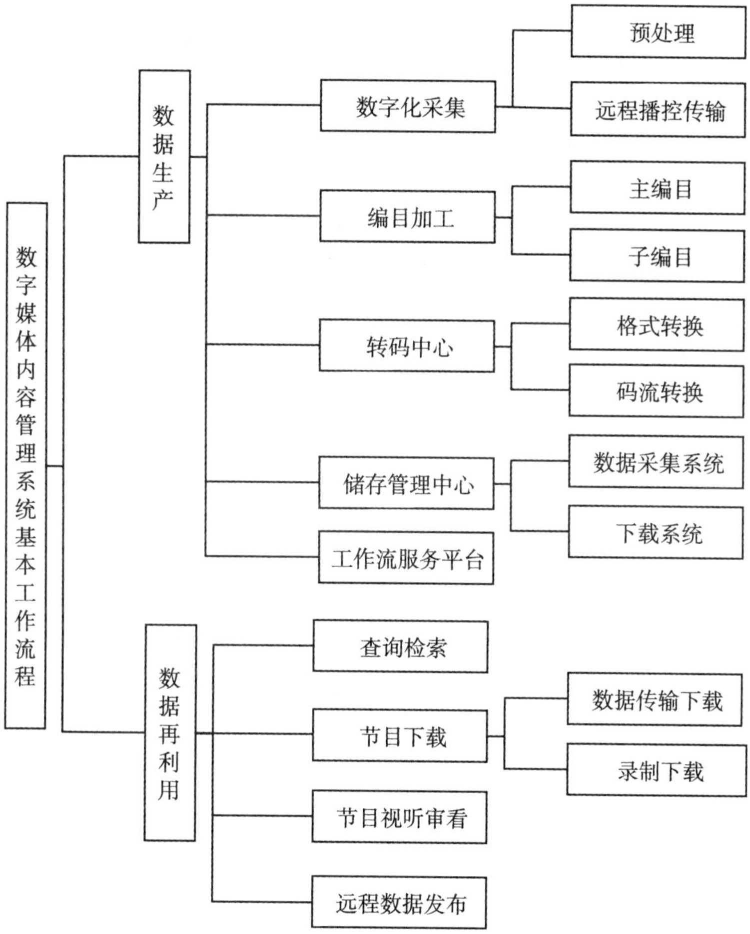

图 1-2　数字媒体内容管理系统基本工作流程

编目流程需要根据数据情况发生一定的更改变化时，工作流服务就会进行业务流程的重建，这种重建是基于配置的调换或更改，工作流服务平台是需要人工干预的。

数据再利用主要包括查询检索，节目下载，视听审看，远程数据发布等环节。

查询检索在数字媒体内容管理系统中通过检索系统实现，用户需要从数字媒体内容管理系统获得授权，然后就可以通过自助系统享有相关的检索和查询服务。

节目下载，是用户的自发行为。在查询检索后，发现想要下载的节目，发送下载申请，进入节目下载的流程中。

视听审看环节中，想要视听审看节目的用户，可以通过预约申请观看由高码流数据生成的高质量的音像节目资料。视听审看业务流程与节目下载流程都需进行预约申请。

远程数据发布是数据发布平台，专为普通用户提供，并针对广域网带宽较低的特点以甚低码流技术实现数字媒体内容的发布处理。

5. 数字内容管理的应用范围

目前，国内外对数字内容管理的应用模式还没有一个统一的界定，研究和应用的角度也各有差异。现有的数字内容管理系统并不完善，没有能够达到对数字内容进行妥善管理的要求。现有数字内容管理系统发展方向包括：探索数字内容的自动处理过程；提升数字内容承载量，即提高素材和元数据的容量以便容纳海量数据；多系统之间的互联互通；提高系统的可操作性和工作效率。

数字内容管理虽多用于媒体行业，但这并不意味着，向数字内容管理方向转变仅仅是传统媒体产业的方向。数字内容管理同样适用于各类研究机构、公司和组织用于解决内容管理相关的问题。在不同领域中关于数字内容的管理不尽相同。但在任何领域和场合，特定的数字内容管理系统都能对数字内容处理提供有用的支持。

1.3　数字内容管理应用

1.3.1　广播电视

1. 广播电视中的数字内容管理

目前，在广播电视中对数字媒体内容管理的应用主要集中在档案管理以及各类新闻等节目的制作上。在档案管理中，内容管理支持通过对内容对象使用自动索引工具来自动检索，例如电影分段结构和关键字等信息。先进的数字内容管理系统拥有允许视听查找（如图像相似性检索、通过声音识别查找）等先进的查找工具。这些应用工具方便专业用户（如档案管理员）和非专业用户实现访问，从而提高用户黏性。据 2016 年 1 月 12 日，路透社向全球发布的《2016 年新闻、媒体、技术预测》报告显示，英国广播公司 BBC、英国《金融时报》等许多大型出版商和媒体都在投入力量以更好地分析用户数据，提高用户黏性。76%的受访者认为，媒体要提高分析用户数据的能力，45%的媒体和出版商使用自己开发的平台了解内容的传播情况。可见，数字内容管理系统中的应用工具是否能满足用户需求是衡量工具是否先进的重要指标。

2. 广播电视中数字内容管理的工作流

广播电视中数字内容管理的工作流如图 1-3 所示。

首先，创建元数据信息，随着整个生产周期内内容的不断丰富，元数据也在不断添加新的注解，节目材料或者说是媒体素材始终与元数据保持相互关联。

其次，将内部生产和外部机构收集的材料导入系统。在导入系统的过程中不断与已经存在的数字内容对象建立关联，主要通过对内容的初始注解来建立新的数字内容与已经存在的数字内容之间的关联。如图 1-3 所示，这种关联的建立可以人工完成，也可以通过特殊的工具，如相关的索引注解工具自动生成。由于是同时导入和关联，因此，在素材导入的过程中并不影响对素材信息的检索。

再次，编辑部门和分类部门会依次访问数字内容管理系统。编辑部门的访问主要是查询元数据，分类部门的访问是为了在详细描述所选内容后进行长期的存档，并且检查核实索引注解工具自动生成的注解质量是否过关。

然后，版权部门添加 IPR（Intellectual Property Rights）元数据，IPR 是指内容版权和

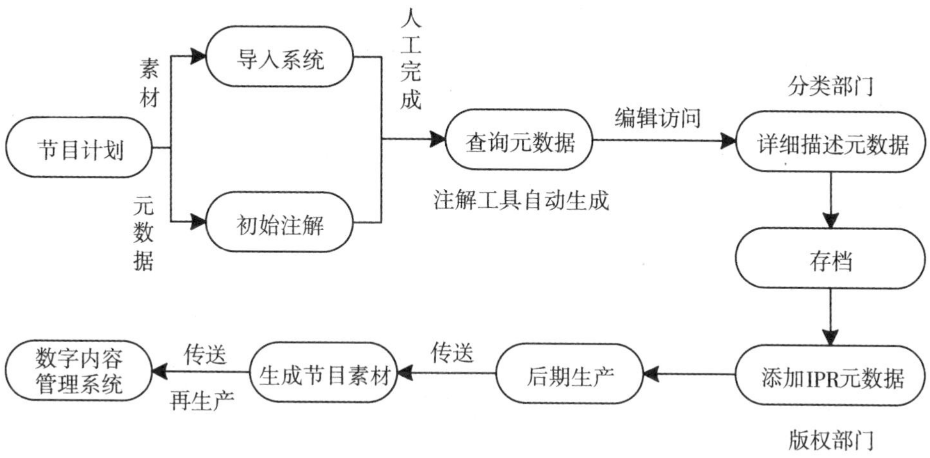

图 1-3 广播电视中的工作流

内容知识产权。获取数字内容 IPR 元数据是为了优化内容管理系统和版权部门之间的信息交换，明确版权的所有者及其法律状态。

最后，媒体素材就进入了后期生产，创建好的数字内容形成了节目。这就形成了数字内容项目最新或最终版本，最终版本的数字内容项目将会用于传送，输入到内容管理系统中。形成的节目素材以后可整体重用或者选用其中的部分片段进行再生产。在这个阶段所创建的元数据也应该被传送到数字内容管理系统中。

1.3.2 印刷出版

随着数字化进程的不断推进，数字内容的数量呈爆炸式增长，数字内容的有效组织和利用也成为印刷出版领域的热点。印刷企业内容管理就是要对企业内部的非结构化文档、多媒体、流媒体、Web 网页、广告、软件程序等内容信息，进行合理的采集、储存、管理、传递和利用，并集成到各种信息系统中，从而为这些应用系统提供更加广泛的数据来源。

这类企业的内容管理核心目标是促进企业内部隐性知识的外化以及显性知识的有效组织和共享利用。显性知识组织方法中以面向知识单元（即主题）是内容组织的细化和深入。对于知识密集型企业而言，企业的内容资产（如产品文档、技术文档、流程文档等）数量庞大且分散在不同的部门，如何对这些内容进行描述、组织和整合成为企业内容管理方面需要解决的一个关键问题。在早期，技术文档写作方式跟其他文档没什么区别，都是线性的写作方式，一般一个产品对应一个文档。随着科技行业的日益发展，技术文档写作需求越来越多，一个产品往往有多个系列，像同一款汽车，有高中低三种配置，它们大部分相同，只有少部分不同，如果按照线性的写作方式，要写三回。即使复制粘贴之前的文档也要至少修改三处，十分容易出错。IBM 公司在 20 世纪末就遇到过数量庞大的技术文档的组织管理难题，为解决内容生产到发布整个流程中技术文档的写作、描述、存储、共享与利用等问题，其提出了达尔文信息类型架构 DITA（Darwin Information Typing

Architecture)，模块化的写作方式应运而生。

DITA 是一种基于 XML 语言和信息分类的面向主题的数字内容结构化写作与发布方案。DITA 通过 XML 架构来描述、管理和发布内容信息，并用于内容信息的编写、生成和交付。DITA 通过将文档组织为可重用的模块（Topics 主题）并将模块进行组织来表示信息内容。因此，利用 DITA 的资料开发方法，可以很好地解决同源和重用问题。DITA 还提供了主题的元数据注释，用户可以便捷地搜索、过滤和处理内容。

使用 DITA 方法开发文档的一般流程如图 1-4 所示。

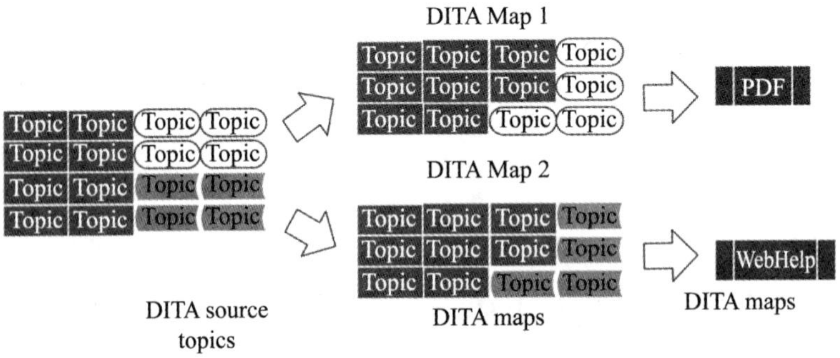

图 1-4　DITA 开发文档的一般流程

文档设计者先设计文档大纲，再根据大纲形成 Map 文件和 Topic 文件。写作者负责写作每个 Topic 的内容。使用 Map 和 Topic 发布成想要发布的文件。从图 1-4 可以很直观地看出 Topic 可以被不同的 Map 引用，从而做到同源和重用，而 Topic 不确定发布件的格式，能够做到内容与样式的分离。

DITA 是基于主题的，主题（Topic）是内容的载体，是按单一题目范围组织的一段信息。从结构上看，它是一个后面跟随着文本和图像的主题，可选的按节组织方式。DITA 规范中定义了三种基本主题类型：概念（Concept）、任务（Task）和参考（Reference）。概念主题回答“是什么”的问题，介绍产品或服务的相关背景和概览，为用户使用之前提供一些必要信息。任务主题回答“如何做”的问题，通过明确定义的结构来描述完成一个特定目标所需的方法和步骤。图 1-5 为 DITA 文档制作技术流程。

DITA 映射可以简单理解为链接文档具体主题的 XML 目录。DITA 映射是组织主题和其他资源整合为结构化信息集合的文档，它组织和保存内容出版对象向出版物复合文档的重组映射关系。经 DITA 映射建立关联后的出版内容，在形成最终交付出版物之前需经样式渲染给出版物添加排版样式，以便为读者提供舒适的阅读体验，通常用 XSLT 和 CSS 进行样式的渲染。DITA 的特点如下。

（1）支持模块化写作。DITA 定义了多种标准的信息模块，即 Concept，Task，Reference，Troubleshooting 这四种模块，同时 DITA 也支持定义新模块。标准化的模块便于分工协作写作，也便于信息的复用。

（2）支持同源开发。DITA 使得相同的信息只需写作一次，便可应用在各类终端的各种格式中。例如一个主题的信息，可以同时用于“网站”“联机帮助”“PDF 手册”等不

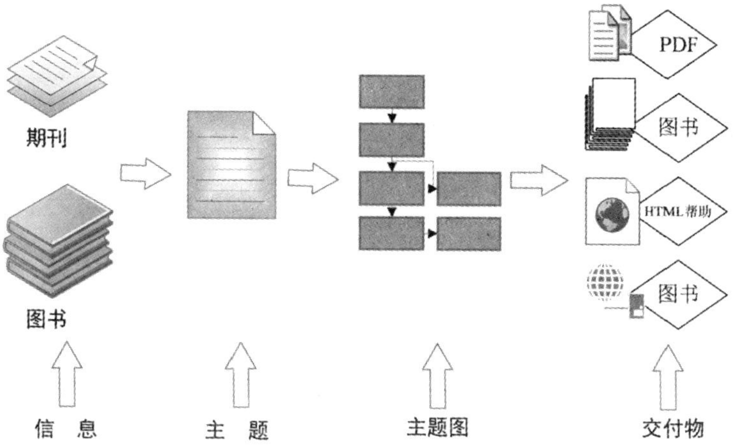

图 1-5 DITA 文档制作技术流程

同输出格式。这样既避免了信息冗余，提高了信息开发效率，同时也降低了开发成本。

（3）内容与格式分离。得益于 XML 技术，基于 DITA 的写作可以实现内容与格式的分离，写作团队可专注于内容创作，无须操心呈现格式。格式工程师可利用 XSLT 技术将 DITA 信息转换为各种格式。

以下介绍基于 DITA 的案例——数字稿件文档组合的基本流程。

某位作者将稿件交给某出版社的编辑部门，编辑部门正就作者发送过来的稿件进行审稿修订。此时，出版社的校对部门则不需要另外向作者寻求稿件，直接从云服务器端或允许访问的其他数字资源库中读取、复制或校对样稿信息。

在数字稿件信息服务中，作者在不同时间和地点可能具有不同的访问权限，结构化文档也应随之呈现不同的内容。如作者的稿件在进行三级审稿检查时，可能由编辑部的助理编辑、编辑和编审人员分级共同审核其稿件内容。对于一份完整的数字稿件档案，其内容除了稿件正文的主要内容外，还包括作者的个人信息、稿件交付时间、出版社信息、计算机制版扫描影像信息和稿酬结算相关信息。为了使组合后的稿件文档更加直观、规范和完善，使用者还可对生成的 XML 文档进行重新编排与修改。

利用 DITA 结构重组的稿件文档编排该稿件时可以使用 Oxygen XML editor 编辑工具，主题的编写遵守 DITA 主题类型结构和相关元素，保证了格式的标准性和结构的一致性。通过 DITA 的结构化编写，用户可以将组合后的稿件文档以主题形式存放，图 1-6 左侧为大纲视图，显示了稿件文档的结构及相关元素，按照数字稿件系统中相关主题如作者个人信息、作者稿件信息等编排。通过点击某个主题链接，可直达右侧显示该主题对应子文档的详细信息。使用 DITA 图将主题一一映射进行组合排列，使得用户可在不同的集合中复用主题（Topic），也可以在不同的主题（Topic）之间复用内容，具体流程如图 1-6 所示。

稿件文档按照任务主题、概念主题、参考主题等组织成 DITA 图后，使用者只需在创作过程中，从中挑选相应的主题，即可建立需要的结构化文档。最后通过样式模板的

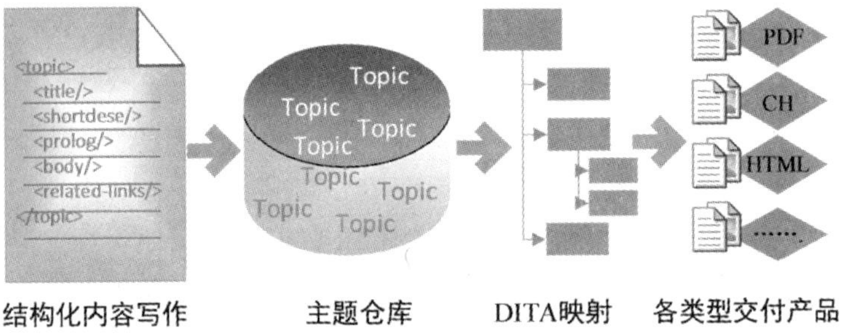

图 1-6　DITA 生产交付流程

XSLT 转换机制，根据不同环境需要输出不同格式类型的知识产品（交付物），输出格式多种多样，如 PDF、HTML、CHM、RTF 等类型的文件，满足不同平台、不同发行渠道的要求。

1.3.3　电子商务

电子商务系统的内容管理体现在管理网络上发布的各种信息，通过充分利用这些信息来增强企业或商品的品牌价值及其影响力。具体内容有：对企业信息进行分类管理，并对关键数据进行保存，如客户数据、财务数据等；支持企业内部信息共享，如公司政策、制度及招聘通知等；提供互联网上的信息发布，定期或不定期地更新网站主页，提供客户在线服务；提供企业产品或服务的相关信息，如供货流程和售后服务等。

数字内容是能被整体用于电子贸易的少数产品之一，即提供、订购和传送全都能在数字领域内完成。提供内容的电子商务系统结构可被分成两个主要的部分，即内容管理系统后端和电子商务前端。内容管理系统后端有两个主要的工作流：系统的录入、文档化和素材的管理，对电子商务前端请求的应答。

电子商务内容管理系统结构如图 1-7 所示。

素材通过不同的渠道导入系统后，系统开始记录并用一些基本的元数据注释导入的素材，此时通知企业资源计划（Enterprise Resource Planning，ERP）系统有新的内容进入。初始的注释和深度的文档化可以分开进行，根据提供方式的不同，在提供内容之前可能要对内容进行处理和准备，这是个标准的编辑过程，该过程也提供内容摘要等。分类涉及系统内深度的文档化。在电子商务系统中，以一种反映目标客户群的技术和知识的方式完成文档化是非常重要的。它使用户能够直接搜索和检索内容。内容的表述应根据目标用户，即受众的不同而进行不同的表述。单独的版权管理系统直接连接到内容管理系统进行一系列的版权维护工作。

电子商务系统的内容管理系统后端的一个主要任务就是请求的实现。这种请求是由电子商务的前端产生并通过电子方式传递到内容管理系统，它包含内容 ID 和传送信息。信息被传送到电子商务前端用于清算账目和账单。电子商务前端系统交易内容的两个不同过

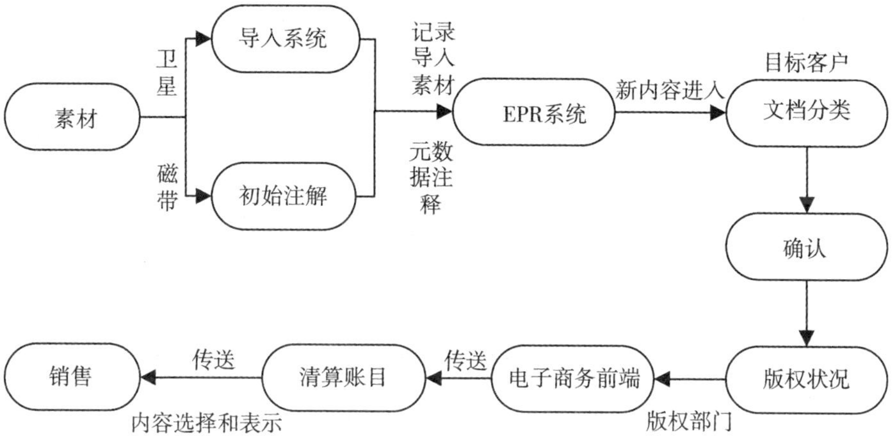

图 1-7 电子商务内容管理系统结构

程要被区分开来，即用于销售的内容对象的选择和表示过程，以及实际的销售过程。这些过程的本质与任何其他电子商务系统中的过程都是类似的。在内容管理系统中最有趣的就是发生在电子商务前端和内容管理系统后端之间的交互过程。

内容的选择是个主动的过程，由负责销售的员工来完成。这种选择是通过主动搜索内容管理系统后端，得到在特定的背景和时间要推送给顾客的内容来完成的。如果电子商务系统要提供与用户需求密切相关的内容，就会有一个指示器指明要提供的内容已经到达系统并且可以提供给顾客。在选择过程中，描述性元数据的副本和素材的低码率的副本被放在电子商务的前端。客户能在电子商务系统中主动地搜索所需要的内容。销售过程是一个基于用户需求的过程。用户先进行注册再访问电子商务系统，通过这个过程可以获得顾客的详细信息并存储到系统中。用户注册之后可以登录、搜索具体的内容。这种查找不仅包括描述性的元数据，也可以观看或收听内容的浏览副本。根据提供商的不同，这些查看的内容可能是关键帧、快速浏览的内容、内容对象的短样片，也可能是以低质量提供的整个项。如果想要的项找不到，还应该可以提炼或改变搜索。用户可以购买全部产品项和片段，因此，应该能够选择和标记顾客愿意购买的产品项的片段。这种功能可由粗编来支持，这类似于生产过程中对内容选择的支持。用于出售的产品项（或产品项的片段）被顾客选择并放在购物车中，这一过程将顾客的详细信息和所要购买内容对象的细节联系起来。根据内容和顾客的种类，需要给出一些如何使用所购买内容的细节。顾客方通过主动决定购买过程来预订购物车中的内容商品。订购会引发从电子商务后端办公室到内容管理系统后端的一个信息，这个信息包含顾客和所要购买商品的详细情况。通过管理使版权状况再次得到确认，如果版权很明确，传送过程就可以开始。接下来会有一条信息返回到电子商务后端办公室以确认销售，这条信息和使用方式会传到 ERP 系统，该系统具有处理账目和账单的业务。使用信息对于清算账目是必需的，因为这在内容的专业使用方面是一个影响价格的因素。给顾客开出账单是 ERP 系统的任务之一。

此外，电子商务中的信息安全问题也是电子商务发展的关键因素，其中顾客的个人隐私安全与企业内部信息及知识产权安全问题最为突出。而实施内容管理可以为企业提供可靠的安全保护措施。安全内容管理是一种多层面的企业安全解决方案管理、数据检索、数据存储、格式转换、多语种支持、个性化定制、元数据和标引、工作流管理、数字版权保护、数据挖掘等。如应用 XML 标记的灵活性为客户提供个性化定制信息服务；运用工作流管理技术、应用集成技术缝合分散在各个部门的与客户相关的资源和信息；利用数据检索和挖掘技术，满足企业根据用户浏览喜好和消费历史记录进行个性化信息推荐服务等策略。XML 技术是目前公认的对内容管理影响最大、贯穿于其整个生命周期的技术。XML 为用户提供了一个很好的按需定制的特性，具有非常好的灵活性。XML 可以很方便地将内容从企业规则和表达中分离出来。XML 技术的最大特点就是内容与表现形式相分离，这种特性使得 XML 结构成为动态内容管理的组织结构。XML 可以使内容脱离格式，成为只和上下文相关的数据，以便于内容的检索、合并或者重用，满足了跨媒体出版的需求。

1.3.4　大数据分析

大数据时代，数据资产已成为企业的核心资产，也将成为企业的核心竞争力。对于企业来说，拥有大量的有价值数据，同时借助云计算技术，建立数据内容管理平台是提高企业核心竞争力的关键。除了数字内容管理架构，数据分析是内容管理的关键。随着智能技术的发展，智能检索技术和过滤技术动态地从数据源中收集与用户需求或兴趣偏好相符的信息，及时提供给用户，可实现用户个性化信息定制，为用户提供高质量的信息推荐服务。运用数据检索和挖掘技术帮助用户从数据库中快速获取有用的信息，使得其对大量数据进行分析而只花费很少的数据检索执行时间。数据挖掘技术对数据源信息进行深层次的分析，挖掘其中的隐形知识，提高个性化信息定制和推荐服务的质量；应用于用户需求分析和个性化信息推荐，可满足用户的潜在需求，这将是今后个性化服务的发展方向之一。

数据分析是整个大数据处理流程的核心，因为大数据的价值产生于分析过程。从异构数据源抽取和集成的数据构成了数据分析的原始数据。根据不同应用的需求可以从这些数据中选择全部或部分进行分析。传统意义上的数据分析主要针对结构化数据展开，且已经形成了一整套行之有效的分析体系。

首先，利用数据库来存储结构化数据，在此基础上构建数据仓库，根据需要构建数据立方体进行联机分析处理，可以进行多个维度的下钻或上钻操作。对于从数据中提炼更深层次的内容的需求促使了数据挖掘技术的产生，并发明了聚类、关联分析等一系列在实践中行之有效的方法。这一整套处理流程在处理相对较少的结构化数据时极为高效。

但是随着大数据时代的到来，半结构化和非结构化数据量的迅猛增长，给传统的分析技术带来了巨大的冲击和挑战。隐私问题由来已久，计算机的出现使得越来越多的数据以数字化的形式存储在电脑中，互联网的发展则使数据更加容易产生和传播，数据隐私问题越来越严重。从数据集成到数据分析，直到最后的数据解释，易用性应当贯穿整个大数据的流程。易用性的挑战突出体现在两个方面：首先大数据时代的数据量大，分析更复杂，得到的结果形式更加多样化，其复杂程度已经远远超出传统的关系数据库；其次，大数据已经广泛渗透人们生活的各个方面，很多行业都开始有了大数据分析的需求。

这些需求主要包括以下几个方面。

（1）可视化。可视性要求用户在见到产品时就能够大致了解其初步的使用方法，最终的结果也要能够清晰地展现出来。程序的自动调优，避免了复杂参数设置的过程，大大减轻了用户调试程序的负担。未来如何实现更多大数据处理方法和工具的简易化和自动化将是一个很大的挑战。除了功能设计之外，最终结果的展示也要充分体现可视化技术是最佳的结果展示方式之一，通过清晰的图形图像展示直观地反映出最终结果。

（2）匹配。在新工具的设计过程中尽可能将人们已有的知识经验考虑进去，会使得新工具非常便于使用，这就是所谓的匹配原则。对于绝大部分没有编程经验的用户而言，如何将新的大数据处理技术和人们已经习惯的处理技术和方法进行匹配将是未来大数据易用性的一个巨大挑战。这方面现在已有一些初步的研究工作。研究人员开发出更高层的语言和系统，使得用户可以直接用类似查询的方式而不是编程的方式创建新的流应用。这在很大程度上改善了大数据流处理平台的易用性。

（3）反馈。带有反馈的设计使得人们能够随时掌握自己的操作进程。进度条就是一个体现反馈原则的经典例子。但是大数据时代很多工具内部结构复杂，对于普通用户而言这些工具近似于黑盒，调试过程复杂，缺少反馈性。如果未来能够在大数据的处理中大范围地引入人机交互技术，使得人们能够较完整地参与整个分析过程，会有效地提高用户的反馈感。

从技术层面来看，可视化、人机交互以及数据起源技术都可以有效地提升易用性。而在这些技术的背后，海量元数据管理的问题是需要我们特别关注的一个问题。元数据是关于数据的数据，数据之间的关联关系以及数据本身的一些属性大多是靠元数据来表示的。可视化技术离不开元数据的支持，因为如果无法准确地表征出数据之间的关系，就无法对数据进行可视化的展示。数据起源即数据的档案，记录数据从产生到消亡或转换的整个生命周期内发生的变化和经过处理的信息。数据起源技术更是离不开元数据管理技术，因为数据起源需要利用元数据来记录数据之间包括因果关系在内的各种复杂关系，并通过这些信息来进行相关的推断。因此，如何在大规模存储系统中实现海量元数据的高效管理将会对大数据的易用性产生重要影响。

思考题

1. 理解信息、数据和内容的概念，并结合实例，叙述其差别和关联。
2. 理解内容和数字内容的含义，并结合实例，说明什么是内容，什么是数字内容。
3. 为什么要进行数字内容管理？在自己熟悉的领域，数字内容管理能够发挥什么作用？
4. 数字内容管理主要应用在哪些领域？简要归纳典型的工作流程。
5. 你熟悉哪些数字内容管理系统？其各有什么特点？

第 2 章　数字内容获取与表达

数字内容的获取是数字内容管理的首要环节，是生产信息产品和提供信息服务的基础。本章中介绍了信息源，内容获取的方法和途径；从概念上介绍素材和元数据的差异，重点描述了数字内容的标注原理和标注方法。

2.1　数字内容获取

现代社会中，数字内容广泛分布，形式多样，格式复杂，给数字内容的采集和获取带来了许多麻烦。为了保证数字内容的有效管理，需要对数字内容的获取进行质量控制，确定数字内容获取的原则，保证数字内容的质量。

2.1.1　信息源的评价与选择

现代社会是一个信息化的社会，数字内容的分布十分广泛，增长速度也很快。无计划地采集信息不仅不会满足用户的信息需求，还会带来很大的浪费。因此，如何对信息进行评价，选择合适的信息源进行数字内容的选择是内容开发面临的首要问题。

1. 信息源评价指标

（1）针对性。信息采集针对性原则，是依据用户的实际需要，有目的、有重点、分专业层次，有计划与步骤地采集，以最大限度满足用户信息需求为指导思想。当前，信息数量庞大，种类繁多，形式多样，发展速度惊人。而用户对信息的需求，由于所从事职业的性质、所处的社会地位、所承担的工作任务等的不同，对信息需求的轻重缓急的不同，其对信息需求的特定性是不同的。我们只有针对用户的需求进行采集，才能采其精髓，充分满足其需求。

（2）真实性。它是指信息采集人员进行信息采集时，要根据用户的需求，以采集真实、可靠的信息为准则的指导思想。真实、可靠不仅指信息反映的过去与现在的事物的事实要真实存在，而且所反映的事物发展变化趋向要符合客观发展规律。

（3）及时性。它是针对用户的信息需求，灵敏而迅速地采集到反映事物最新情况、最新水平及正确的趋势信息的准则。信息本身的时效性，决定了信息采集的及时性原则。

（4）完整性。它是根据用户显在的与潜在的信息需求，而采集全面、系统的信息准则。信息完整性原则，是由信息系统性决定的。对信息的完整性原则的理解，要从多方面思考。就用户需求某专题信息言之，既有其过去、现在与未来的信息，也有反映其相关专题、学科的信息；既有反映其全局与局部的信息，也有反映全方位、多层次的信息。就用户需求某条信息而言，所含的基本因素要全，即时间、地点、场合、事件经过、现象与本质等。

（5）易获性。指信息源中提供的信息是否方便用户获取，以何种方式、途径获取，有无特殊的技术要求、设备要求、权限要求。

（6）经济性。主要指从信息源获取信息的成本效益如何。用户能否用最低廉的成本获得效益最大的信息内容。

2. 信息源评价方法

评价信息源一般可以采用两种方法。第一种方法是直接评价法，即对多个信息源的多个指标，如及时性、完整性、经济性等进行直接评分，最后通过加权汇总的方法进行综合评价；第二种方法是间接评价法，即通过信息用户进行信息源的评价，主要是利用调查问卷的方式对信息源的使用满意度进行调查，这种方法的评价结果虽然比较客观，反映了终端用户的意见，但是不够全面，难以反映信息源的本质质量。

2.1.2 内容获取的方法与途径

数字内容的类型与格式十分多样，不同类型与格式的内容往往也有独特的流通渠道和方式。为了获取数字内容，在确定好信息源后，需要采用不同的方法和途径获取信息内容。一般来说，常见的信息获取方法包括付费外购、定向索取、公开征集、网络采集、转移和复制、对等交换、加入共享联盟和自我生产等。

根据表现形式的不同，内容的获取需要借助于多种采集和制作工具。如对于纸质文档，可采用扫描、文字识别的技术；对于静态图片和动态影像，可采用数码相机及摄像机拍摄的方法；音频的采集则可使用数字化音频设备或软件进行现场录制：专业节目制作可使用非线性编辑系统。此外，内容素材还有多种非直接的创建方法，如购买光盘素材、互联网下载等。

2.2 素材与元数据

数字内容的获取是数字内容管理的第一步，通常包括内容采集和内容加工两个阶段的任务。内容创建的方法因行业应用背景的不同而有所区别，但大体过程是首先进行媒体素材内容采集，然后通过采样、量化和编码压缩等方法对其进行处理。将形成的数字化媒体素材存入资源数据库中；接着再按行业标准（如广播电视音像资料编目规范）对媒体素材进行编目和标引形成元数据，并存入索引数据库中以方便日后对媒体素材的检索。

2.2.1 素材的定义与形式

数字媒体的内容采集的核心问题是多媒体信息的数字化，它涉及编码和格式这两个密不可分的概念及相关技术规范。不同媒体数据的采集需要借助不同采集技术和工具的支持，而采集工具的应用，如移动终端等，扩大了内容采集范围、提高了内容采集效率、降低了内容采集成本。

2.2.1.1　图像素材及形式

图像可以用二维函数 $f(x, y)$ 来表示，其中，x，y 是空间坐标，$f(x, y)$ 是点 (x, y) 的幅值。以一幅只有灰度级的图像为例，假设灰度值 z 是坐标 (x, y) 的函数，则 $z=f(x, y)$。

图像可以用不同的色彩模型（Color Model）或称颜色空间（Color Space）来表示图像的颜色。色彩模型是形象化表示颜色的一种数学方法，常用的色彩模型有：RGB 模型、CMYK 模型、HSI 模型等。

RGB 是计算机系统中所使用的色彩模型，模型中的 R、G、B 分别代表红（Red）、绿（Green）、蓝（Blue）三种色彩分量。按照色度学的三基色原理，通过搭配它们的不同比例，可以合成自然界中的任何颜色。如果把颜色值设定为 0—255，则当时（即三基色分量颜色均最弱），呈现黑色；而时（即三基色分量颜色均最强），呈现白色。RGB 是目前应用最广泛的色彩模型之一，它能适应多种输出的需要，并能较完整地还原图像的颜色信息。RGB 色彩模型适合于描述光源等通过不同光量的颜色分量叠加（加色法）来形成颜色的应用场景，如大多数显示屏都采用了 RGB 色彩模型输出图像。

CMYK 模型是一种印刷用的色彩模型。它由分色印刷的 4 种颜色组成，C、M、Y、K 分别代表青（Cyan）、品红（Magenta）、黄（Yellow）、黑（Black）。CMYK 模型适合于描述印刷品等通过不同颜料不同程度的吸收和反射光线（减色法）而形成颜色感知的应用场景。

HSI 模型中的 H、S、I 分别代表颜色的色相（Hue）、饱和度（Saturation）和亮度（Intensity），它反映了人类的视觉系统观察颜色的方式。色相即通常所说的颜色，如红色、蓝色等；饱和度指颜色的纯度或深浅，即掺入白光的程度。如红色加入白光后饱和度下降，变成了粉红色。色相加饱和度统称为色度；亮度与饱和度和光波的幅度有关。由于人的视觉系统对亮度的敏感程度远强于对颜色浓淡的敏感程度，因此 HSI 模型比起 RGB 和 CMYK 模型更符合人的视觉特性。

模拟图像要经过采样、量化和编码这三个步骤转化为数字图像。也就是说，数字图像就是在空间和灰度（或颜色）值上进行了采样和量化后的图像。

图像采样是对图像的空间坐标进行离散化处理，即对图像在水平和垂直两个方向上进行间隔取样，每个采样点构成一个像素（Pixel），它是组成图像的基本单元。采样频率是指在一定面积的图像内取多少个像素，它决定了转换后数字图像的分辨率。

如图 2-1 所示，如果被分割的图像在水平方向上有 N 个采样点，在垂直方向上有 M 个采样点，则一幅图像可以被表示成由 N×M 个像素构成的离散像素点的集合。N×M 称为图像的分辨率。为了使图像局部细节不出现失真，采样可采取不同的间隔，如图 2-2 所示。

1. 图像量化和编码

黑白图像的每个像素有特定的亮度层次，一般用“灰度级”来表示；而彩色图像的每个像素除了亮度，还有特定的色彩。量化是对构成图像的每个像素的灰度级或颜色值进行数字化处理，将其用指定位数的数值来表示。

图 2-1　统一的图像采样

图 2-2　非统一的图像采样图

编码是对量化数据的二进制表示。存储每个像素的灰度值或颜色值所占用的二进制位数，称为颜色深度（或位深）。它决定了每个像素可能有的灰度级数或颜色数。常用的颜色深度有 1、4、8、16、24 位等，可表示的颜色数分别是 2（2^1，黑白图像）、16（2^4，索引 16 色图像）、256（2^8，索引 256 色图像）、65536（2^{16}，HI-Color 图像）和 16777216（2^{24}，True Color 真彩色图像）。

2. 数字图像表示

黑白图像灰度级的取值范围通常在 0 到 255 之间，0 表示黑，255 表示白，其他值表示处于黑白之间的灰度。如图 2-3 所示，可以用一个二维矩阵 $I(m, n)$ 来表示一个灰度图像。其中，m，n 代表图像的宽和高，矩阵元素 $a(i, j)$ 的值表示图像的第 i 行第 j 列像素的灰度值。

$$I = \begin{bmatrix} 0 & 150 & 200 \\ 120 & 50 & 180 \\ 250 & 220 & 100 \end{bmatrix}$$

图 2-3　用二维矩阵表示一个灰度图像

彩色图像可以用 RGB 三元组的二维矩阵来表示，如图 2-4 所示，下方的二维矩阵是对上方图像局部（人物眼部）的数值描述。通常，三元组的每个数值也是在 0 到 255 之间，0 表示相应的基色在该像素中没有，而 255 则代表相应的基色在该像素中取得最大值。

$$I=\begin{bmatrix}(207,137,130) & (220,179,163) & (215,169,161) & (210,179,172) & (210,179,172)\\(207,154,146) & (217,124,121) & (226,144,133) & (226,144,133) & (224,137,124)\\(227,151,136) & (227,151,136) & (226,159,142) & (227,151,136) & (230,187,171)\\(231,178,163) & (231,178,163) & (231,178,163) & (236,187,171) & (236,187,171)\\(239,195,176) & (239,195,176) & (240,205,187) & (239,195,176) & (231,138,123)\\(217,124,121) & (215,169,161) & (216,179,170) & (216,179,170) & (207,137,120)\\(159,51,71) & (189,89,101) & (216,111,110) & (217,124,121) & (227,151,136)\end{bmatrix}$$

图 2-4　用二维矩阵表示一个彩色图像（局部）

3. 数字图像的存储量

计算图像所需的存储量大小表达式：

图像存储量（字节）= 图像分辨率×颜色深度÷8

如：对于一幅分辨率为 640×480 的黑白图像，其文件大小为：

（640×480）×1÷8 = 38400（字节）

而同样分辨率的真彩色图像，则其存储量增加至：

（640×480）×（3×8）÷8 = 921600（字节）

由此可见，对同样大小的一幅图像，如果表示该图像的像素数目越多（即采样率高），颜色深度越大（即量化位数多），所占用的存储空间也越大。当然图像的失真越少，显示的效果越逼真细腻，如图 2-5 所示。

图像压缩的目的是把原来较大的图像用尽可能少的字节来表示，以利于存储和传输，并且使图像复原时的失真尽可能地少。由于图像中往往会存在大量重复的数据（如蓝天、大海等纹理简单区域），因此使用数学方法来表示这些冗余数据就可以大大减少数据量，这种压缩技术称为无损压缩。一般可以达到 25%—50%的压缩率，而且还原后的数据与原来的数据相差无几。考虑到人眼对图像细节和颜色的辨认有一个极限，把超过极限的部分

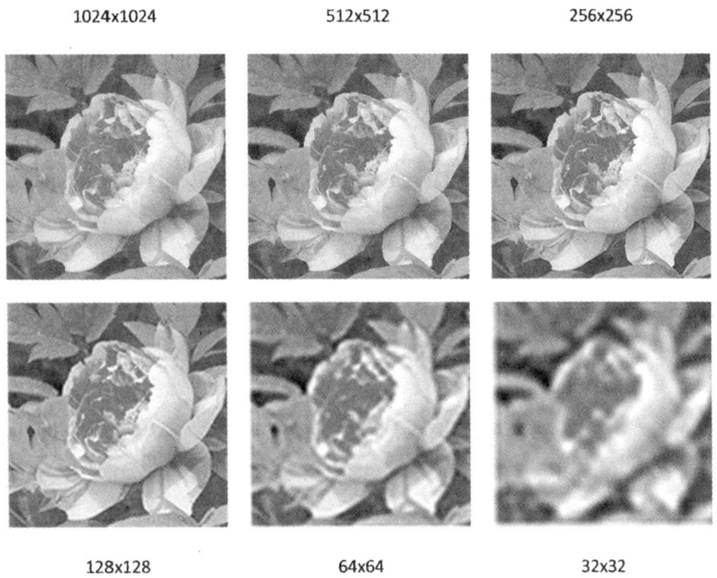

图 2-5 图像的采样与数字图像的质量对比

去掉，不会影响到人们对图像的理解。基于这一原理进行压缩的技术称为有损压缩。实际的图像压缩往往会综合运用各种有损的和无损的压缩技术。

采用不同方式对原始图像进行处理就形成了不同的图像格式。常用的文件格式有以下几种。

（1）BMP 格式。BMP（Bitmap）是 Windows 系统的标准图像文件格式，被多种 Windows 应用程序所支持，如“画图”软件。BMP 文件采用位映射存储格式，除了图像颜色深度可选择 1、4、8 或 24 位外，几乎不进行压缩，占用的空间很大。

（2）JPEG 格式。JPEG（Join Photographic Experts Group）是由 CCITT（International Telephone and Telegraph Consultative Committee，国际电话与电报咨询委员会）和 ISO 联合组成的图像专家组制定的第一个静态图像压缩编码。JPEG 采用有损压缩方式去除冗余数据，在获得极高压缩率的同时能保证较好的图像质量。对于同一幅图像，JPEG 格式存储的文件大小是其他类型文件的 5%—10%，而且颜色深度最高可达到 24 位。JPEG 文件的扩展名为 .jpg 或 .jpeg，在网络上被广泛使用。

（3）GIF 格式。GIF（Graphics Interchange Format）是 CompuServer 公司在 1987 年推出的一种高压缩比的彩色图像文件格式，压缩率一般可以达到 50%。

早期的 GIF 是简单地用来存储单幅静止图像（称为 GIF87a），后来发展为可以同时存储若干幅静止图像进而形成连续的动画。目前互联网上大量采用的彩色动画文件多为这种格式，也称为 GIF89a 的格式文件。

GIF 文件的图像颜色深度从 1 位到 8 位，最多可支持 256 种颜色，适合显示色调不连续或具有大面积单一颜色的图像。占用的存储空间远远小于 BMP 格式的文件，非常适合网络环境的传输和使用。

（4）TIFF 格式。TIFF（Tagged Image File Format）是 Aldus 和 Microsoft 公司为扫描仪和桌面出版系统联合开发的一种通用图像文件格式，是一种工业标准格式，几乎被所有绘画、图像编辑和页面排版软件所支持。

TIFF 定义了 4 类不同的格式，即适用于二值图像的 TIFF-B 格式、适用于黑白灰度图像的 TIFF-G 格式、适用于调色板彩色图像的 TIFF-P 格式和适用于 RGB 真彩图像的 TIFF-R 格式，因此是现有图像文件中格式最复杂的一种。它的颜色深度有 8 位、24 位、32 位和 48 位等多种，支持 RGB、CMYK、YUV 等多种色彩模型。

由于保存了图像细微层次的信息，TIFF 图像的质量较高，非常有利于原稿的复制，得到了许多图形图像处理软件的支持，但也存在占用存贮空间较大的不足。

（5）PSD 格式。PSD（Photoshop Document）是 Adobe 公司的图像处理软件 Photoshop 的专用格式。PSD 其实是 Photoshop 进行平面设计的一张"草稿图"，里面包含有各种图层、通道、遮罩等设计的草稿，以便于下次打开文件时可以修改上一次的设计。由于未对图像进行压缩，当图层较多时会占用较大的存储。

PSD 格式的图像文件很少被其他软件和工具支持，通常在 Photoshop 环境下制作编辑完成后，要将它转换为其他通用格式的图像文件。

（6）PNG 格式。PNG（Portable Network Graphic）是 Macromedia 公司 Fireworks 软件的默认格式，它采用无损压缩位图方案，最大颜色深度为 48 位，是目前失真最小的图像格式。PNG 结合了 GIF 和 JPEG 两者的优点，存储形式丰富，兼有 GIF 和 JPEG 的色彩模式，且图像质量远胜于 GIF。

与牺牲图像品质来换取高压缩率的 JPEG 不同，PNG 在把图像文件压缩到极致以利于网络传输的同时，保留了所有与图像品质有关的信息。由于只需下载 1/64 的图像信息就可以显示出低分辨率的预览图像，它的显示速度很快，此外它还支持透明图像的制作。

2.2.1.2　音频素材及形式

自然界中的声音是通过一定介质传播的，通常呈现出周期性强弱变化的特点，可以用一个正弦波表示。正弦波振幅用来表示声音的大小，振幅越大，音量也越大；正弦波频率则代表单位时间内声音高低变化的速度，频率越高，声音变化的速度则越快；正弦波相位可确定声音何时开始变化。

音频是可以用正弦曲线来描述的模拟信号，它在时间和幅度上都是连续的，而计算机只能处理离散的数字信号。因此，计算机处理音频信号，首先必须将模拟信号转换成为能用"0""1"表示的数字信号，这一过程称为音频信号的数字化。音频信号数字化经历了采样、量化和编码三个关键步骤。

1. 采样

采样是指以固定的时间间隔 T，在模拟声音波形上取一个幅度值（即样本值），从而实现了模拟信号在时间轴上的离散化。T 称为采样周期，其倒数为采样频率。显然，采样周期越短，所取得的样本值越多，就越能精确地反映原来的模拟信号。反之，过长的采样周期会导致原信号的失真。由此，奈奎斯特（Nyquist）采样定理规定：若要从采样中完全恢复原始信号的波形，就必须让采样频率高于信号中最高频率的两倍。

人耳所能听到的频率范围为20Hz到20kHz，对1kHz—3kHz的声音最敏感。为了达到较好的效果，在实际的采样过程中，根据奈奎斯特采样定理，普遍采用44.1kHz作为高质量声音采样频率，即每秒采样44100次。如果达不到这么高的频率，声音恢复的效果就会差一些，例如采用频率为8kHz的电话声音，FM广播的声音品质为22.05kHz。44.1kHZ是CD音质，48kHz及以上是VCD、DVD或专业领域采用的采样频率，可以达到高保真立体声的效果。

2. 量化

量化是将采样后幅度上无限多个连续的样本值变成有限个数字的过程，是模拟信号在幅值轴上的离散化。

量化值用若干个二进制位表示（如8位、16位或24位），位数决定了量化的精度。量化精度越高，所得到的数字化波形与原来的模拟波形越接近，量化的误差越小。

3. 编码

编码是用一组二进制数来表示采样样本的幅度值。如3位的量化精度可把声音信号量化为8个级别，即000、001、010、011、100、101、110和111。

对于音频数据量的计算如下：

音频数据量（字节）= 采样频率（赫兹）×（量化位数÷8）×声道数×时间（秒）

例如：CD唱片的采样频率为44.1kHz，量化位数16，声道数2（立体声效果），其每分钟的数据量为：44100×（16÷8）×2×60 = 10584000（Byte）≈10.09（MB），如果一个唱片12首歌，每首歌5分钟，则需要数据量约605MB。

由此可见，为了节约存储，提高数字音频信息的网络传输效率，必须对数据量庞大的数字音频信息进行压缩处理。对数字音频信息的压缩主要是依据音频信息自身的冗余度和人耳对音频信息听觉感知的冗余度。例如：由于对音频的幅度、频率、时间的分辨能力有限，可以将人耳听不到或不易感知部分的音频信息视为冗余不予编码和传输。

目前的音频编码标准主要有两个系列，一个是由国际标准化组织（ISO）和国际电信联盟（International Telecommunication Union，ITU）电信标准分局（ITU-T）联合制定的MPEG-音频标准，它是运动图像压缩标准MPEG的一部分；另一个是美国高级电视系统委员会（Advanced Television System Committee，ATSC）制定的Dolby AC-3音频编码标准。

音频文件格式和编码是密不可分的两个概念，因为编码必定会涉及比特流的排序问题，也就是格式。通俗地讲，编码是“内核”，而格式是其在不同应用中的不同封装形式。常用的音频格式包括：MP1/MP2/MP3格式、WMA格式、MIDI格式、APE格式、FLAC格式、Real Audio（RA）格式和AAC格式等。

基于上述各种音频格式，音频素材的形式包括背景音乐、歌曲演唱、乐曲演奏、解说旁白等，另外也可能包括敲打碰撞、射击爆炸、鼓掌喝彩以及风雨雷电等各种音源。数字化音频信息的采集可通过以下几种途径实现。

（1）从已有的数字化音频资源中获取。包括从素材库中直接获取，从互联网上下载和从音乐光盘或视频文件中截取声音。

（2）将传统的模拟声音信号转换为数字信号。通过专门的设备和软件将磁带介质中的模拟声音信号转换为数字音频信号。

（3）采用数字化音频设备或软件现场录制。制作者可以通过专门的录音软件，如使用 Windows 的录音机、Cool Edit、Audio Recorder、MP3 音频录音机等软件来获取声音素材。

（4）用软件制作。可以在音频编辑软件中通过电子音乐创作方式直接创作声音。

2.2.1.3　视频素材及形式

视频（Video）是指随时间连续变化的一组图像，也称为运动图像或活动图像。从物理上来讲，视频信号是从动态的三维景物投影到视频摄像机图像平面上的一个二维图像序列。

根据视觉暂留原理，当人眼观察的影像消失后，人眼仍能保留其影像 0.1—0.4 秒，因此，要使人的视觉产生连续的动感，帧率应达到 24—30fps（帧/秒）。

彩色电视信号的播放标准称为电视制式。目前国际上主要有三种制式。

（1）NTSC 制式：是美国电视系统委员会（National Television System Commission）的缩写。这种制式是 1952 年由美国国家电视标准委员会指定的彩色电视广播标准，其帧速率为 29.97fps（帧/秒），每帧 525 行 262 线，标准分辨率为 853×480，主要技术是正交平衡调幅。采用这种制式的主要国家有美国、加拿大和日本等。

（2）PAL 制式：是逐行倒相（Phase Alternating Line）的缩写。这种制式是西德在 1962 年指定的彩色电视广播标准，其帧速率为 25fps，每帧 625 行 312 线，标准分辨率为 1024×576，主要技术是逐行倒相正交平衡调幅，克服了 NTSC 制相位敏感造成色彩失真的缺点。采用这种制式的主要国家有中国、德国、英国和其他一些西北欧国家。PAL 制式中根据不同的参数细节，又可以进一步划分为 G、I、D 等制式，其中 PAL-D 制是我国采用的制式。

（3）SECAM 制式：是法文“顺序与存储彩色电视系统（Sequential Couleur AvecMemoire）”的缩写。这种制式是由法国在 1956 年提出，1966 年制定的一种新的彩色电视制式。它克服了 NTSC 制式相位失真的缺点，但采用时间分隔法来传送两个色差信号。使用 SECAM 制的国家主要集中在法国、东欧和中东一带。

这些制式的主要区别在于其定义的刷新速度、颜色编码系统和传输频率不同。以我国采用的 PAL 制式为例，它由 625 条扫描线组成，每 1/25 秒绘制一次，每秒 50 个扫描周期，标准的数字化 PAL 电视标准分辨率为 720×576。近些年又出现了高清晰度电视标准（High Definition Television，简称 HDTV），它建立在 1125 条扫描线、每秒 60 个扫描周期和屏幕宽高比 16∶9 的基础上，如高清 1080i 就是一种在隔行扫描下分辨率达到 1920×1080 分辨率的显示格式，在图像色彩和画面质量上都取得了重大突破。

视频中的色彩同样可以用色彩模型来描述，如 PAL 制式电视使用 YUV 模型，NTSC 制式电视使用 YIQ 模型，计算机显示器使用 RGB 模型。以国内 PAL 制式彩色电视采用的 YUV 模型为例，其中的 Y 表示亮度及灰度值（Y 与 RGB 模型的对应关系可近似表达为 Y=0.299R+0.587G+0.1148）；U 和 V 表示的是两个色差信号（U=B-Y 表示蓝色色差，V=R-Y 表示红色色差），用于指定像素的颜色。由于 Y、U、V 相互独立，因此利用亮度信号和色差信号相分离的特点，实现了彩色电视机和只对亮度敏感的黑白电视机的兼容。

流媒体视频是指在 Internet/Intranet 中使用流式传输技术播放的视频，它在播放前并不下载整个文件，只是将开始部分存入内存，流式媒体的数据流随时传送随时播放。

传统的视频信号以模拟方式存储和传播。如在模拟电视机上播放的视频图像是以模拟电信号的形式记录的，它依靠模拟调幅的方式传播。用盒式磁带录像机录制的视频也是以模拟信号的方式存放在磁带上的。模拟视频信号的主要缺点是：视频信号随存储时间、拷贝次数和传输距离的增加衰减增大，不适合网络传输，也不便于分类、检索和编辑。

要使计算机能够对视频进行处理，必须把模拟视频信号进行数字化，形成数字视频信号。它同样经历了采样、量化和编码这三个关键步骤。

1. 采样

由于人眼对颜色的敏感程度远不如对亮度信号的敏感程度，所以色彩信号的采样频率可以比亮度信号的采样频率低，以减少数字视频的数据量。

如果用 Y：U：V 来表示 Y、U、V 这三个分量的采样比例，则常用的采样格式有 4：1：1、4：2：2 和 4：4：4 三种。其中 4：1：1 采样格式是指在每条扫描线上，每 4 个连续的采样点中取 4 个亮度 Y 样本、1 个色彩分量 U 样本和 1 个色彩分量 V 样本，共计 6 个样本值，这意味着平均每个像素用（4+1+1）/4＝1.5 个样本来表示，可比 4：4：4 采样格式减少一半的数据量。

2. 量化

采样是把模拟信号变成了时间上离散的脉冲信号，而量化则是进行幅度上的离散化处理。在时间轴的任意一点上量化后的信号与原模拟信号之间在大多数情况下存在一定的误差，通常把量化误差称为量化噪声。

量化位数越多，量化误差就越小，视频效果就越好，但视频的数据量也就越大。所以在选择量化位数时要综合考虑各方面的因素。

3. 编码

经采样和量化后得到的数字视频的数据量非常大。一段视频的存储量可由下式计算：

视频存储量（字节）＝ 帧大小×帧频×颜色深度×时间（秒）

假设一段 1 分钟视频的大小为 512×512，帧频为 30fps，颜色深度为 24 位/像素，则其存储量为：512×512×30×（24÷8）×60＝141557760（Byte）≈1.318（GB），显然这样庞大的数据流对大多数传输线路来说是无法承受的，而且也是难以存储的，所以在编码时要进行压缩。其方法是从时间域、空间域两方面去除冗余信息，减少数据量。编码技术主要分帧内编码和帧间编码，前者用于去掉视频图像的空间冗余信息，后者用于去除视频图像的时间冗余信息。

视频文件的格式可以分为适合于在本地播放的影像视频和适合于在网络中播放的流媒体视频两大类。尽管后者在播放的稳定性和播放画面质量上可能没有前者优秀，但网络流媒体视频的广泛传播性使之被广泛应用于视频点播、网络演示、远程教育、视频广告等互联网信息服务领域。视频文件的格式主要有 AVI、DV-AVI、MPEG、WMV、MOV、RM 和 RMVB 等。

2.2.1.4　网页素材及形式

在互联网信息丰富的当下，困扰用户的不再是信息太少，而是太多。因此，必须借助搜索引擎来建立互联网的信息索引。然而当搜索引擎面对互联网上数以百亿计的网页时，其首要问题就是如何才能够设计出高效的网页抓取系统，并将如此海量的网页数据传送到本地，在本地形成互联网网页的镜像备份。网络爬虫软件可以很好地解决这一问题。所谓爬虫（Crawler），指网页抓取程序，也称为蜘蛛（Spider），是一种通过页面间的链接关系自动获取页面信息的软件。

在搜索引擎的系统中网络爬虫是极为关键和重要的部分，尽管经过几十年的发展，已形成了较为成熟的体系，但随着互联网技术的进步，也面临着许多具有挑战性的工作。

1. 网页抓取过程及策略

从互联网上抓取网页信息是建立搜索引擎的第一步。爬虫的工作是要先从互联网页面中精心挑选一部分网页，以这些网页的链接地址作为爬虫的种子 URL，再将这些 URL 放入到待抓取 URL 队列中。当爬虫工作时会从其中依次读取，并且将这些 URL 通过 DNS 地址解析，将其解析成网站服务器对应的 IP 地址，然后将其和网页的相对路径名称交给网页下载器。网页下载器负责对这些网页的下载。对这些下载到本地的网页要进行两方面处理：一是将其交给后续的处理模块建立索引，二是将该页面对应的链接加入到已爬取队列中，这个队列记录了爬虫系统所下载过的链接，可以帮助去除重复的链接。此外还要对这些页面中包含的链接进行处理，将那些尚未爬取的链接加入待爬取队列中去，而对于那些已经爬取过的链接则直接丢弃，以节省时间和缓解下载模块的压力。通过这样的处理使得爬虫可以不断地循环直到待爬取队列为空，这意味着爬虫系统已经将种子 URL 的任务完成，完成了网页的抓取过程。

对于爬虫系统而言，正常运行必须有大量的链接不断地加入到队列，如此才能保证不间断的工作，而互联网作为一个拥有上百亿链接的网络，网页如何进行遍历无疑是一个非常重要的问题。爬虫的爬行策略有很多种，但是基本目标都是一样的，即优先选择重要网页进行抓取。对于不同的系统，网页的重要性判断是不同的，目前大部分采用的方法是根据网页的流行性。下面介绍几种抓取的策略。

（1）深度优先策略。深度优先是先沿一条路径采集叶节点，再从同一层其他路径进行采集。对如图 2-6 所示的网页链接模型，采取深度优先的结果如表 2-1 所示。这一算法基本不产生重复节点，但爬虫程序必须作出以下判断：是否继续向更深一层爬？这个链接是否已爬过了？上次爬到哪里了？

表 2-1　**深度优先路径**

路径编号	路径点
1	ABEH
2	ABEI
3	AC

续表

路径编号	路径点
4	ADFKL
5	ADGKL

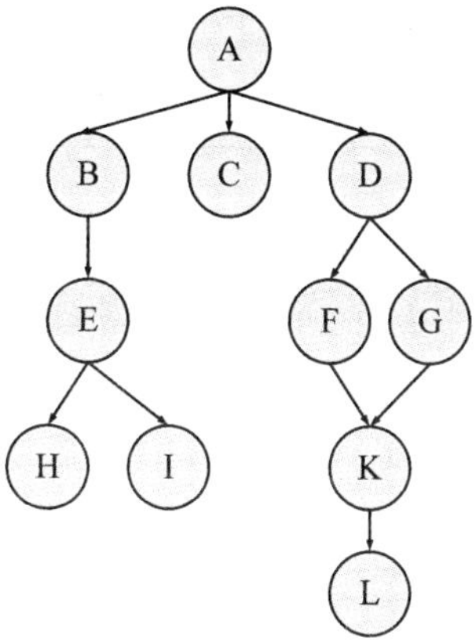

图 2-6　网页链接模式

因此，这样的算法执行效率较低，仅适用于站内搜索。另外，深度优先算法非常容易陷入爬虫陷阱，并且对重要网页的覆盖程度较差，因此一般较少使用。

由于这样的遍历会产生大量重复的网页节点，可对其进行改进，如图 2-7 和表 2-2 所示。

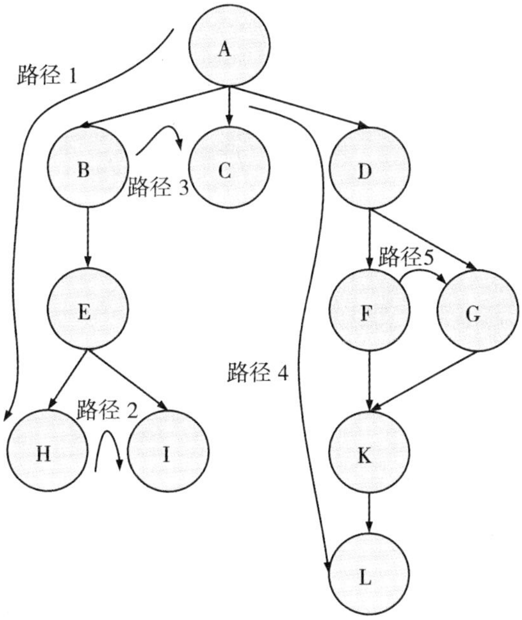

图 2-7　改进后的深度优先

表 2-2　改进后的深度优先路径

路径编号	路径点
1	ABEH
2	I
3	C
4	DFKL
5	G

（2）广度优先策略。遍历网页的另一种策略是广度优先，即先采集完同一层网页，再采集下一层网页。图 2-8 是对应表 2-3 的广度优先结果。显然，这样的策略效率较高，已被网页抓取程序广为采用。

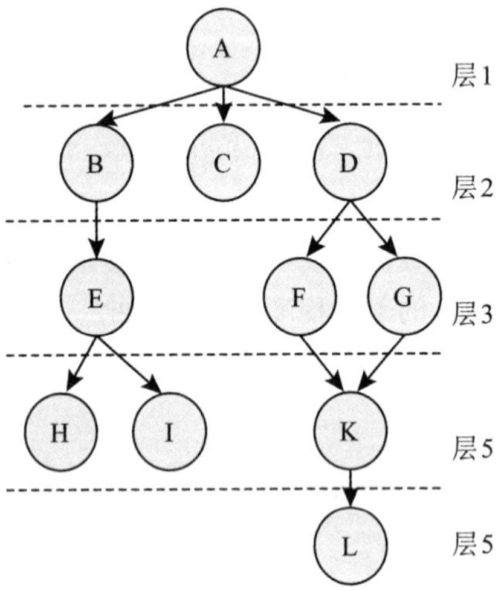

图 2-8　广度优先

表 2-3　广度优先路径

路径编号	路径点
1	A
2	BCD
3	EFG
4	HIK
5	L

（3）非完全 PageRank 策略。PageRank 是一种非常著名的链接分析算法，最早由 Google 提出。PageRank 算法就是给每个网页附加权值，权值大的就靠前显示，权值小的

就靠后显示。这一方法借鉴了学术界论文重要性的评估方法，引用次数越多的论文越重要。算法的核心思想是：如果一个网页被很多其他网页链接到，说明这个网页很重要，也就是 PageRank 值会相对高；如果一个 PageRank 值很高的网页链接到一个其他的网页，那么链接到的网页的 PageRank 值也相应地提高。

使用该方法对 URL 进行优先级排序具有很好的效果。但作为一个全局性的算法，只有在全部获得所有网页以后才能对其进行计算，这样的结果才是有效的。这对于通用的搜索引擎较为适用，而对那些较小规模和希望在爬取阶段就对网页进行计算的搜索引擎就不适用了。目前有一种针对不完整的互联网网页子集内进行计算 PageRank 的算法，其基本思想是：对于已经下载的网页，加上待爬取 URL 队列中的 URL 一起形成网页集合，在此范围内进行 PageRank 计算。计算完成后，将待抓取 URL 队列里的网页按照 PageRank 得分的高低进行排列，形成的序列就是爬虫接下来将要依次抓取的 URL 列表。由于不是对整体而是在子集中进行计算，所以这种方法叫作非完全 PageRank 算法。

根据以上策略，如果每次爬虫抓取到一个网页就进行一次 PageRank 计算，计算效率低下，且占据大量的资源，所以一般都是等新下载的网页积累到一定程度时再重新计算一次 PageRank。这样在展开新一轮 PageRank 计算之前，重新下载的网页抽取出包含的链接，很有可能这些链接的重要性非常高，理应优先下载。解决这一问题的方法是非完全 PageRank 赋予这些新抽取到的但目前没有 PageRank 值的网页一个临时的 PageRank 值，然后将这个网页的所有入链传导的 PageRank 值汇总，作为临时的 PageRank 值，如果这个值比待抓取 URL 队列中已经计算出来的 PageRank 值高，那么就优先下裁这个网页。

（4）大站优先策略。大站优先策略的想法是基于大型网站的信息对比小型网站相对重要，且通常会包含更多的内容提出来的。根据这一思路，住往倾向于优先下载大型网站。这个策略虽然简单，但也有其一定的依据，实验结果表明大站优先策略的性能略优于广度优先策略。

2. 网页爬虫的分类

根据具体应用的不同，爬虫系统在许多方面都存在差异，大体上可以将爬虫分为如下三种。

（1）批量型爬虫。批量型爬虫（Batch Crawler）有比较明确的抓取范围和目标，当爬虫达到了既定的目标，即停止抓取。至于具体目标则因任务而异，既可设置为抓取一定数量的网页，也可设置为抓取一定时间，不一而足。

（2）增量型爬虫。增量型爬虫（Incremental Crawler）与批量性爬虫的不同在于，它会不间断地抓取网页，对于已抓取的网页也会进行定期的更新。由于互联网网页处于不断变化的状态中，新增网页、网页被删除或者网页内容被更改都是很常见的。而增量型爬虫需要及时地反映出这种变化，所以必须不断地处于抓取状态，不仅要抓取新的网页，还要不断地更新旧的网页。目前的商业搜索引擎所使用的爬虫基本都是这一类的。

（3）垂直型爬虫。垂直型爬虫（Focused Crawler）关注特定主题内容或者属于特定行业的网页，比如对于视频网站，只需要从互联网上将有关的视频网站和与视频相关的网页抓取到即可，而不考虑其他内容的网页。垂直型爬虫最大的难点是如何识别网页内容是否属于自己的主题范围。从节省系统资源的角度来讲，不大可能把所有的网页全部下载完毕再去识别，所以这就需要爬虫系统在爬取阶段就能够识别出这个网页是否与主题相关，以判断是否对该网页进行下载。垂直搜索网站和行业网站往往需要这一类型的爬虫。

3. 网页爬虫的特征

爬虫系统的实现可能因其应用场景不同而各不相同，但是一个成熟的爬虫系统必然具有几种特性。

（1）高性能。由于互联网的网页数目极其庞大，所以爬虫的下载速度成为评价爬虫性能的核心问题。常用的技术指标就是爬虫每秒钟能下载的网页数量，下载的页面数越多则性能越好。

为了提高爬虫的性能，必须在设计时考虑到程序访问磁盘的操作方法以及具体实现时的数据结构。例如对于 URL 的处理，由于其数量的庞大，采用的方法不同所带来的性能截然不同，所以必须采用高效的数据结构。

（2）可扩张性。如上所述，由于需要抓取的网页数量过于庞大，即便单个爬虫性能再高，将所有网页下载所耗费的时间仍是用户不能接受的。所以为了尽可能地节省爬虫的周期，爬虫系统必须具有很强的扩展性能，即能够通过增加服务器的数量和爬虫的数量来增强爬虫的性能。

目前商用的爬虫一定是分布式运行的，采用多台服务器协作进行抓取作业，每台服务器都部署有多个多线程的爬虫。百度、Google 这样超大型的搜索引擎服务商甚至可能还要在不同地域甚至全球范围部署数据中心。

（3）健壮性。爬虫要访问各种类型的网站服务器，必然要面对各种各样的非正常情况。比如，网页编码的不规范、被抓取的服务器出现异常甚至是遇到爬虫陷阱等极端情况。如果爬虫不能正确处理这些情况，总是出现停机等问题，将直接影响爬虫的结果。另外很重要的一点是，如果爬虫在爬取过程中遇到断电、死机等情况，应做到重新启动时能自动恢复之前的内容和数据结构，而不是重新开始任务，否则对于性能是一种极大的损害。

（4）友好性。爬虫的友好性体现在两方面：一是要保护网站的私密性，二是要减轻被抓取站点的服务器压力。爬虫需要爬取的是各种类型的网站，对于网站的拥有者而言，网站的有些内容是不希望被所有人搜索到的，所以需要制定协议来告知爬虫哪些内容是不被允许抓取的。目前有两种主流的方法来达到这一目的。

①爬虫禁抓协议（Robot Exclusion Protocol）。爬虫禁抓协议由网站的所有者生成，并被放在网站根服务器下的一个指定文件 robot. txt 中，这个文件指明了网站中的哪些目录下的网页是不被允许抓取的。友好性的爬虫在抓取一个网站的网页前，首先应该做的就是读取 robot. txt 文件，对于禁止的网页一律不进行抓取。

②网页禁抓协议（Robot META tag）。网页禁抓协议包括两种情况：一种是告诉爬虫不要对该网页进行索引，另一种是告诉爬虫不要对该网页的链接进行抓取。

4. 网页爬虫的质量评价

前面所介绍的是优秀爬虫的特征，如果从用户角度考虑，爬虫的性能指标主要集中在以下三个方面。

（1）覆盖度。由于 Web 的规模巨大，即使是商业搜索引擎所用的超大规模爬虫也不可能索引所有的可访问内容，只有尽可能地提高自己对整个互联网的覆盖程度，所以覆盖度就成为衡量爬虫性能的一个重要指标。

（2）新鲜度。互联网每日都在更新，大量新的网页被加入，一些旧的网页也存在删除和修改的可能。如果想获得较好的用户体验，爬虫就必须能够适应和反映这种互联网的变化，使得搜索引擎系统索引到的网页都是最新的和实际存在的。

（3）重要度。尽管网页数量巨大，但是用户所需要的网页可能只是其中的几个，网页的信息程度也各不相同。如果能将用户真正需要的网页尽可能地返给用户就成为爬虫性能的重要指标。

覆盖度和新鲜度是有冲突的。由于 Web 本身具有的高度动态性，随着网页的不断增加、删除和修改，需要爬虫重新访问已经索引的网络界面来维持索引更新。最近的权威研究表明：尽管每周有 8%的网页被创建，其中却只有 62%的内容是崭新的，而不是通过复制已经存在的网页生成的。Web 的检索结果动态性很高，每周有 25%的新链接生成，一旦被创建，通常不太改变。因此，大多数观测到的 Web 页是由于删除和增加所致，而不是由于修改导致的。此外，网页的变化程度比变化次数能更好地反映网页未来变化的可能性，这意味着爬虫仅根据变化频率来制定再次访问的策略并不能取得对覆盖度和新鲜度的最佳平衡点。

大部分大型商用爬虫系统为满足上述三个标准，会开发多个目的性很强的爬虫系统。比如全球最大的搜索引擎提供商 Google，至少包含了两套不同目的的爬虫系统。一套被称为 Fresh Bot，主要考虑网页的新鲜度。对于内容频繁更新的网页，目前能够达到以秒计的更新周期。而另外一套被称为 Deep Crawl Bot，主要是针对其他更新不那么频繁的网页进行抓取，以天为更新周期。通过这些系统的合作来达到提高用户体验的目的。

5. 爬虫系统的问题

随着时代的变迁，互联网发生了巨大的变化，出现了一些新的情况导致传统的爬虫在面对日新月异的互联网时有很多问题急需解决，如深网问题、爬虫欺骗等。

（1）深网问题。深网问题主要是指目前互联网存在大量隐藏的信息是普通爬虫无法抓取到的。这些数据在互联网所占的份额要比爬虫所能抓取到的数据高百倍，所以抓取到这些信息无疑是提高爬虫覆盖度的一个重要途径。深网的一个典型例子就是那些以数据库形式存储数据的网站，往往需要对它们进行手动输入信息，其服务器才会返回给我们数据库中的内容。比如酒店预订网站和购物网站，这些网站很难有显式的链接指向数据库保存的记录，往往需要使用者手动输入查询条件后才能获得需要的效据。

由于深网的特殊性，传统的爬虫对其是无能为力的，必须开发新的爬虫系统，采取新的爬取策略才能满足需求。目前很多大型的搜索引擎都在开发自己的深网爬虫，以提高自己搜索引擎的覆盖度，如百度的“阿拉丁项目”。

（2）爬虫欺骗。随着网络技术的进步和搜索引擎的发展，越来越多的网站认识到搜索引擎排名对其所产生的巨大意义，于是纷纷开展对爬虫的欺诈研究，试图通过对网站的加工来影响爬虫的搜索结果，使得自己的网站能够优先被抓取。如何识别这些网站，提供公正的查询是一个重要的问题。

在传统的搜索模式中，用户、搜索引擎和爬虫之间是一种单向的关系，即用户是搜索引擎提供的信息的消费者，搜索引擎是爬虫提供的信息的消费者，而爬虫则是用户（网页作者）提供的信息的消费者。这种单环模型不允许信息从搜索引擎流向爬虫的行为。目前，有垂直搜索引擎进行了这方面的尝试，爬虫为搜索引擎提供数据，搜索引擎反向帮助爬虫爬取，这种共生的关系可以使系统学习到用户的兴趣，从而更好地为用户服务。

社会性网络也是近期的一大热点，它被认为是共享相关信息和寻找志同道合者的平台，用户的推荐、观点和标注被聚集在一起进行分享，这些社会化系统的一个重要优点就是他们授权给人们发现相关资源，而不再依赖爬虫。爬虫能够被设计来扩展从社会化系统中收集到的信息应用。例如，可以直观地获取和某些特定社区相关的种子页面，随后爬虫就可以在 Web 上浏览和这些种子网页相关的其他资源。通过充分利用主题本地性特征，便可以索引其他和这些社区相关度高的网页。

2.2.2　元数据及元数据规范

2.2.2.1　概念

元数据（Metadata）是关于数据的组织、数据域及其关系的信息。简言之，元数据就是“关于数据的数据”。元数据为各种形态的数字化信息单元和资源集合提供规范、一般性的描述。例如，在数据库管理系统中，模式中包含一些元数据，如关系名、关系的字段和属性、属性域等。对于文档来说，元数据就是描述文档的属性。从信息检索的角度看，元数据可以说就是电子目录，用于编目、描述收藏资料的内容和特性，从而支持信息的检索。

根据功能可将元数据划分为管理型元数据、描述型元数据、保存型元数据、技术型元数据、使用型元数据。根据结构和语境可将元数据划分为三组：第一组为全文索引；第二组为简单结构化的普通格式，如 DC、RFC1807、Template 等；第三组为结构复杂的特殊领域内的格式，如 FGDC、GILS、TEI、EAD 等。

2.2.2.2　元数据的作用

元数据具有描述、定位、搜寻、评估、选择等多种功能，可以连贯而有效地描述、管理、编目网络资源，以便用户更方便地找到资源，并找到更多的相关资源。其作用主要表现在以下几点。

（1）定位和检索。借助元数据，可以准确地检索和确认所需要的资源。可以说，这种作用是推动元数据发展最重要的力量。

（2）著录和描述。为了实现高查全率和查准率，需要对网络资源的数据单元进行详细、全面的著录和描述。描述数据单元的元数据叫作元数据元素（Metadata Element），包括内容、载体、位置、获取方式、制作与利用方法等多个方面。

（3）资源的管理。利用元数据全面地描述资源，不仅有利于检索，同时也有利于实现对资源有效、安全的管理。这些元数据包括权利管理（Rights/Privacy Management）、数字签名（Digital Signature）、资源评鉴（Seal of Approval/Rating）、存取管理（Access Management）、支付审计（Payment and Accounting）等方面的信息。

（4）资源的保护与长期保存。利用元数据全面地描述资源，不仅有利于实现管理和查询，还有利于资源（网络资源）长期的历史保护。这些元数据元素包括详细的格式信息、制作信息、保护条件、转换方式、保存责任等。

鉴于元数据的这些作用，如果对于网络上所有资源（网站、网页、文档、服务）都用相同的元数据元素进行描述，对每个网络资源都形成一条由这些元数据元素组成的元数据记录，将这些元数据记录集中管理起来，那么将在很大程度上较好地解决网络资源的可检索性、可管理性和交换性等问题。因此，很多国家、地区和行业都在致力于元数据标准的制订与完善。对于网络资源，有关的元数据类型有 Dublin Core、IAFA 模板、CDF、Web Collections 等，其中影响最为深远、使用最为广泛的是都柏林核心元数据集（Dublin Core Elements Set）。

2.2.2.3 DC 元数据集

DC（Dublin Core）元数据由 OCLC 于 1994 年首次提出，其维护机构为 DCMI（Dublin Core Metadata Initiative，都柏林核心元数据倡议）。1994 年 10 月 OCLC 的 Stuart Weibel 和 Eric Miller 参加了在芝加哥召开的第二届万维网协会（W3C）年会，与来自计算机界的几位专家讨论互联网上的信息检索问题，并聚焦到建立一套元数据元素集合用以描述网络资源，于是在 1995 年 3 月召开了第一届 DC 会议，在 52 位来自各领域专家的见证下，诞生了包括 13 个元素的 DC 元数据的最初形式（见表 2-4），由于召开地点在美国俄亥俄州的首府都柏林市，这个元数据最初的标准因此而得名。

表 2-4　**DC 元数据元素的最初名称**

Subject：主题	Form：格式
Title：题名	Identifier：标识符
Author：作者	Relation：关联
Publisher：出版者	Source：来源
OtherAgent：其他责任者	Language：语种
Date：日期	Coverage：覆盖范围
ObjectType：对象类型	

1996 年 4 月，在英国 Warwick 召开的第二次 DC 会议提出了 Warwick 框架作为元数据应用的一般“容器”和概念框架，对后来数字图书馆体系结构的研究设计和 W3C 提出的资源描述框架（RDF）都产生了重要影响。

第三次会议于 1996 年 9 月召开，这次会议一致认为 DC 元数据和 Warwick 框架为网络环境中的图像发现的简单的资源描述提供了一个模型基础。于是这次会议详细讨论了图像的特点、图像描述的具体需求以及正在进行的一些数字图书馆项目中的图像描述方法等。讨论中特别增加了“Description”和“Rights Management”两个元素。此时美国国会图书馆的“美国记忆”数字图书馆项目已经取得了相当进展，其基于 MARC 的资源描述和管理经验也被有关专家带到了 DC 的讨论中，会议还专门讨论了与 MARC 映射的问题。

1997 年 11 月在美国首都华盛顿召开的第六次 DC 会议是一次具有过渡性转折意义的会议，DC 元数据已经初步成型，而应用尚未获得突破。这次会议形成了 DCMI 的基本组织形式和运行模式。从这次会议开始 DC 元数据工作会议（Workshop）变为了以年会的形式，而不像 1995 年、1996 年各召开了两次会议，并且组建了以工作组（Working Group）为基础的运作模式，每个专门问题一旦积聚了足够多的感兴趣的人群，即可以成立工作组，到 2003 年这些工作组又被要求制定“宪章”（Charpter）以更正式地确立起任务。工作组之上有技术咨询委员会（Technical Advisory Committee，TAC）和政策咨询委员会（Policy Advisory Committee，PAC）（这两个委员会的名称后来都有所变化），最上层有指导委员会（Directorate）负责 DCMI 的运行管理，指导委员会挂靠 OCLC。另外，DCMI 活动所需要的文档管理、发布的网站以及其他支持都由 OCLC 负责。这种组织形式在运行中不断得到改进完善，而成为现在的结构。

从第六届 DC 会议开始，对 DC 的进展已无法进行简单的概括了，每次会议各工作组都要总结前一年的工作成果，提交工作报告，归纳问题，提出下一年度的工作计划。DC 的研究和应用各方面的工作齐头并进，全面展开，许多成果已成为 DC 元数据标准规范体系中的一部分，或者成为 DCMI 的各类文档。

DC 元数据规范最基本的内容是包含 15 个元素的元数据集合，用以描述资源对象的语义信息，目前已成为 IETF、RFC2413、ISO 15836、CEN/CWA 13874、Z39. 85 等国际标准和澳大利亚、丹麦、芬兰、英国等国的国家标准。这 15 个元素见表 2-5。

表 2-5　**都柏林核心元数据集**

元数据元素	标识	定义	解　释
题名（Title）	Title	赋予资源的名称	资源名一般是指资源对象正式公开的名称
创建者（Creator）	Creator	创建资源内容的主要责任者	创建者的实例包括个人、组织或某项服务。一般而言，用创建者的名称来标识这一条目
主题（Subject）	Subject and Keywords	资源内容的主题描述	如果要描述特定资源的某一主题，一般采用关键词、关键字短语或分类号，主题和关键词从受控词表或规范的分类体系中取值
描述（Description）	Description	资源内容的说明	描述可以包含但不限于以下内容：文摘、目录、对以图形来揭示内容的资源而言的文字说明，或者一个有关资源内容的自由文本描述
出版者（Publisher）	Publisher	使资源成为可以获得并可用的责任人	出版者的实例包含个体、组织或服务。一般而言，应该用出版者的名称来标识这一条目
其他责任人（Contributor）	Contributor	对资源的内容作出贡献的其他实体	其他责任人的实例可包括个人、组织或某项服务。一般而言，用其他责任人的名字来标识这一条目

续表

元数据元素	标识	定义	解　释
日期（Date）	Date	与资源生命周期中的一个事件相关的时间	一般而言，日期应与资源的创建或出版日期相关。建议采用的日期格式应符合 ISO 8601［W3CDTF］规范，并使用 YYYY-MM-DD 的格式
类型（Type）	ResourceType	资源内容的特征或类型	资源类型包括描述资源内容的一般范畴、功能、种属或聚类层次的术语。建议采用来自于受控表中的值（例如 DCMI 类型词汇表［DCMITYPE］）。要描述资源的物理或数字化表现形式，应使用“格式（FORMAT）”元素
格式（Format）	Format	资源的物理或数字表现形式	一般而言，格式可能包含资源的媒体类型或资源的大小，格式元素可以用来决定展示或操作资源所需的软硬件或其他相应设备，例如，大小包括资源所占的存储空间及持续时间。建议采用来自于受控词表中的值（例如用“Internet 媒体类型［MIME］”列表中的词定义计算机媒体格式）
标识符（Identifier）	Resource Identifier	在特定范围内给予资源的一个明确的标识	建议对资源的标识采用符合某一正式标识体系的字符串及数字组合。例如正式的标识体系包括 URI（包含 URL）、数字对象唯一标识符（DOI）和 ISBN
来源（Source）	Source	对当前资源来源的参照	当前资源可能部分或全部源自该元素所标识的资源，建议对这一资源的标识采用一个符合正式标识系统的字符串及数字组合
语种（Language）	Language	描述资源知识内容的语种	建议本元素的值采用 RFC 3066，该标准与 ISO 639 一起定义了由两个或三个英文字母组成的主标签和可选的子标签来标识语种。例如，用“en”或“eng”表示 English，“en-GB”表示英国英语
关联（Relation）	Relation	对相关资源的参照	建议最好使用符合规范标识体系的字符串或数字来标识所要参照的资源
覆盖范围（Coverage）	Coverage	资源内容所设计的外延与覆盖范围	覆盖范围一般包含空间位置（一个地名或地理坐标）、时间区间（一个时间标签、日期或一个日期范围）或者行政辖区的范围（比如指定的一个行政实体）。推荐覆盖范围最好是取自一个受控词表（例如地理名称叙词表［TGN］），并应尽可能使用由数字表示的坐标或日期区间来描述地名和时间段

续表

元数据元素	标识	定义	解　释
权限（Rights）	Rights Management	有关资源本身所有的或被赋予的权限信息	一般而言，权限元素应包含一个对资源的权限声明，或者是对提供这一信息的服务的参照。权限一般包含知识产权（IPR）、版权或其他各种各样的产权。如果没有权限元素的标注，不可以对与资源相关的上述或其他权利的情况作出任何假定

都柏林核心元数据集中的 15 个元素都是可选择、可重复和可扩展的。也就是说，不同国家、地区、行业的文件类型在应用时可以根据需要挑选其中的部分和全部元数据元素，也可以增加其他必要的元数据元素。目前，世界上有很多国家、地区和部门都将都柏林核心元数据集作为一项基础标准。

DC 元数据是 DCMI 通过一定的组织形式和程序进行活动的成果。现在，DC 元数据早已不是简单的 15 个元素的集合，而是包括词表、编码规范、模型、流程、工作文件等一系列文档的标准规范体系。我们通常所说的 DC，也常常不单指这一规范体系，还用来泛指 DCMI 和它的活动。可以认为 DCMI、其活动和通过其活动所取得的标准规范成果是三位一体的（如图 2-9 所示）。

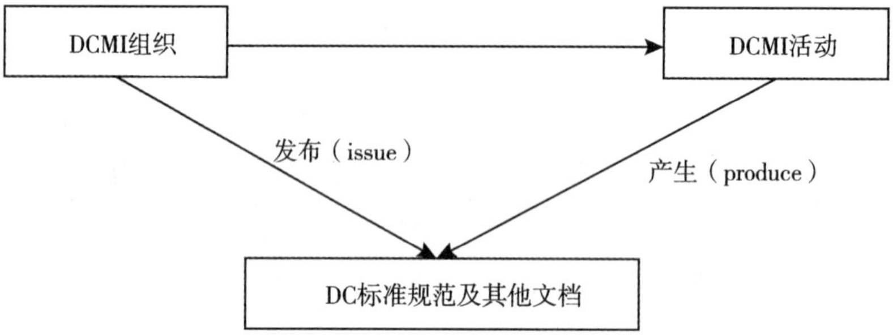

图 2-9　DCMI 与 DC 元数据

在网络环境下，都柏林核心元数据以其简单、灵活、具有语义操作性和可扩展性等优点，在网络信息资源的描述和著录中普遍应用。

（1）著录的对象。都柏林核心元数据的著录对象是网络资源或数字资源，它的设计原则具有可扩展性、可选择性、可重复性和可修饰性的特征，有利于揭示各种类型的数字资源的内容和其他特征。

（2）数据的形式。都柏林核心元数据包括 15 个元素，它在应用中是可选择、可重复和可扩充的。限定词与元素之间的关系是不确定的，限定词使用非常灵活，结构较为简单。

（3）著录的主体。都柏林核心元数据著录简单明了、语义明确，它使创建者和信息提供者可以无须经过培训就能自己进行资源描述。

（4）著录的详细程度。都柏林核心元数据的著录相对比较简单，只有 15 个元数据元素，在信息描述过程中，可以任意选用也可以重复使用，顺序可以任意编排，还可以根据具体情况进行某些补充。

（5）标识的方法。都柏林核心元数据直接采用单词或词组的形式作为标识，表达直观，语义明确。

2.2.2.4 其他常用的元数据格式

除了 DC 元数据外，常见的元数据格式主要有以下几种。

（1）CDWA（Categories for the Description of Works of Art），适用于艺术品。

（2）VRA（Visual Resource Association），美国视觉资源协会制定的视觉资源核心类目（Core Categories for Visual Resource），适用于艺术、建筑、史前古器物、民间文化等艺术类可视化资料。

（3）FGDC（Federal Geographic Data Committee），称为地理空间元数据内容标准，适用于地理空间信息。

（4）GILS（Government Information Locator Service），即政府信息定位服务，适用于政府公用信息资源。

（5）EAD（Encode Archival Description），即编码档案描述，适用于档案和手稿资源，包括文本和电子文档、可视材料和声音记录。

（6）TEI（Text Encoding Initiative），适用于对电子形式全文的编码和描述。

在 Internet 信息资源的组织中，除了 DC 元数据外，还有其他一系列的数据规范值的关注。例如 IAFA 模板（Internet Anonymous FTP Archives Templates，Internet 匿名 FTP 文件库模板）、Web Collections（网站集合）、CDF（Channel Definition Format，频道定义格式）等。

IAFA 模板是 1995 年由 IETF 下的匿名 FTP 档案工作组开发出的一种目录结构，可以为网络上常驻网站，尤其是匿名 FTP 网站提供描述和获取途径。IAFA 模板支持 WHOIS++协议，因此又称 IAFA/WHOIS++模板。记录数据由网站管理者维护，随信息分散在各处，可以同时用于机检与用户阅读，允许查询用户、搜索引擎直接下载或通过 ROBOT 自动修改或补充（套录）。IAFA 模板不考虑特定领域对数据描述的特殊需要，更重视通用性。模板中包含对文档类型、摘要性题名、信息源维护者、其他文档的引用情况、新闻讨论组中对该信息源的自由文本描述、语种及编程语言、文档所采用的字符集等 27 个方面的描述。其中各著录项允许字段检索的一些详细描述层次构成，层次的详简由数据提供者自行把握。信息描述倾向于针对独立的文档而不是文档间的关系，因此对等级或集中结构的文档再表达性有所欠缺。此外，由于 IAFA 模板中包含对数据簇的考虑，因此可以在一定程度上避免记录冗余和记录中的非规范性。

Web Collections 是试图利用 XML 应用环境建立元数据框架的一个较早的规范。Web Collections 采用了与 HTML 相似的样本风格，其数据可以紧紧地嵌入到 HTML 文档之中，便于用户使用。Web Collections 中引入了一种表示元数据层次结构的方法，一个 Collections（集合）关联了一系列的字段名和值，这些字段的描述被定义在配置文件当中，

Web Collections 允许使用 Author（作者）、Lastmod（最后一次改动时间）、Title（题目）、Max Down Load Size（最大可下载范围）等属性来描述 Web 页面。Web Collections 还允许将一组 Web Collections 作为属性嵌入其他的 Web Collections 中，以描述更复杂的关系。这种方式揭示并增强文件之间的关系，使得用户、浏览器以及搜索引擎能够更加深入地理解文献的内容属性。

CDF 对 Web Collections 进行了补充，它是计算机应用 Web 技术的频道框架。它将 XML 嵌入 HTML，使 HTML 从一种 Web 页面描述语言扩展为一个应用于频道站点的 Web 站点描述语言。CDF 借助于 HTML 语法来对其频道内容进行描述，在一对<CHANNEL></CHANNEL>的频道内容中，包括了多个<ITEM>元素，每个<ITEM>元素描述了一个 HTML 页面的最后修改日期、标题、摘要以及作者等情况，浏览者进入到该频道后，这些元数据就会展现出来。

除了以上元数据集，国内元数据研究也随之深入。中国民族音乐数据库元数据继承于 DC，同时参考 VRA 核心目录。描述对象有音频资料（主要是音乐作品）、实物（主要是乐器）、人物，其中描述性元数据有 15 个元素和 22 个限定词，管理性元数据有 5 个元素和 2 个限定词，结构性元数据有 1 个元素（确定资源之间的关系）。

我国台湾“中央研究院”之“数位典藏国家型科技计划”，第一阶段以 DC 为基础，DC 可以满足描述的需求，但与媒体制作、影音技术、内容研究等多方面要求有差距。第二阶段，以 ECHO 为基础发展自己的元数据，总体框架结构遵循 ECHO，分层描述为整卷（Whole）->片段（Sequence）-> 场（Scene）-> 镜头（Shot），采用新技术，自动生成部分元数据，并且提供不同层次和形式的多重检索功能。

上海图书馆元数据是上海图书馆在数字图书馆建设中实现的 7 个数字化项目，包括：善本古籍、上海图典、上海文典、中国报刊、民国图书、点曲台和科技百花园。这些资源有的已经有完整的 MARC 格式记录，如图书；有的已用特殊的元数据来描述，如古籍。上海图书馆在建设的过程中面临的是多种元数据并存的局面，为了满足不同元数据集之间因应用的需要而产生的互操作需求，定义一个核心元数据集显得非常必要，基于核心元数据集的元数据之间的转换与整合将更为容易实现。最终由于 DC 的可用性、简洁性、句法独立性及扩展性强等优点，被选为上图元数据方案的核心元数据集。在上图的数字图书馆方案中，最终所采用的元数据方案是“以 Dublin Core 为核心元数据集，多种对应于不同资源类型的元数据方法并存，并以资源描述框架为基础的资源描述体系将它们封装在一起”的方法。

清华大学建筑数字图书馆元数据。清华大学建筑数字图书馆收录清华大学建筑学院图书馆收藏的有关中国古建筑史资料，其中以营造学科历史和成就为主线，大约有 30000 张图片，20 万字文字资料和大量动画、视频资料，资源格式多样化。在对国内外著名元数据进行分析和调研后，由于 DC 的种种优点及目前应用的逐步扩大和普遍性，最终被确定为主要的参考设计依据，基于 DC 元数据设计，但又不拘泥于 DC 元数据，最终的建筑数字图书馆方案将建筑类资源分成图纸、测稿、照片、汇刊、专著、论文、音频、视频 8 种类型，标引模板也因此而设定，突出了资源的特征也方便资源的标引。为了满足系统管理的需求，在 DC 的基础上又增加了本地数据块，包括记录控制号（Record Identifier）、记录编制机构（Originating Source）、主要编制者（Processor）共三项。为了解决数字化资源长期保存的问题，参考 OAIS 模型，增加了“生存期技术环境 Living Environment”元素，涉及数字化仪器，包括名称、型号、扫描或拍摄的精度等数据，格式、大小以及计算机软硬件系统等子项，对资源对象进行全面的描述。

国家图书馆中文元数据方案。国家图书馆中文元数据方案在总体框架结构上采用了 OAIS 参考模型；在元数据集方面，参考了美国国会图书馆（简称 LC），澳大利亚国家图书馆（简称 NLA），Cedars 项目，NEDLIB 项目，DC 元数据等较为成熟的元数据集。在保证总体框架结构的前提下，保持和 DC 项目的对应关系，方便现有元数据得以有效利用。经过反复比较和试验，最终确定了中文核心元数据集，共 25 个元素，基本上包括了中文数字资源的描述性、管理性、技术性和法律性信息。这 25 个元素分别为：名称、主题、版本、内容摘要、语种、内容类型、内容覆盖范围、内容创建者、其他出版责任者、内容创建日期、出版、版权所有者、资源标识符、关联资源、数字资源制作者、权限声明、数字资源制作日期、数字资源制作地、公开对象、操作许可、原始技术环境、认证指示符、加工处理历史、基本抽象格式描述、维护历史，其中包括了 DC 的大部分元素。

2.2.2.5 数字出版元数据转换及其发展趋势

SGML 的发明奠定了当今几乎所有数字出版内容加工技术标准的基础，其后的存储标准、格式标准、元数据等标准均由其衍生或以其为框架进行构建。一方面，数字技术的丰富，使数字发布平台和媒体终端越来越多样化；另一方面，加工标准的统一和一致性增强了后期产品的网络流通。随着数字出版内容加工技术的发展，各类专业化标准不断涌现，标准体系更加完整。

数字出版产业的发展，需要规模化的数字出版内容资源。作为内容组织和管理的有效工具，元数据对于出版内容资源整合及出版产业的可持续发展具有重要意义，按照元数据标准的要求对内容资源进行规范化描述，可以有效地促进内容资源的处理、交换、共享和开发利用。现阶段，数字出版元数据的转换和加工主要有以下几个方面的发展趋势。

1. 一次加工多次重复使用

数字技术的丰富使数字发布平台和媒体终端越来越多样化，但不同平台与终端支持的阅读格式往往并不相同，导致内容提供商在进行内容制作和加工时，需要针对性地进行多种格式的重复加工，从而造成资源浪费和成本增加。

因此，国际上的数字出版内容加工领域正逐步向通用、可以实现转换的标准方向发展，即进行一次性内容制作加工，实现数字内容的多渠道多用途使用。如国际上普遍认同的以 XML 为核心的数字加工转换模式，根据渠道及终端特性，通过对数字内容进行细颗粒度的精细化加工，辅以相应的格式转换，使得数据内容可以在各种数字媒体和数字平台如电子书阅读器、PC、平板电脑、手机、国际期刊发布平台上进行立体发布和呈现。

当前，国际上借助云平台，跨终端的内容分配机制已经形成，网速的提升使大数据、物联网等技术成为现实。高速网络带来的大量数据又使云存储、云计算等数字出版云平台发展更加快速，对出版内容进行一次加工，多次重复使用的需求将更加迫切。在这个趋势下，按照可随意转换的通用标准进行数据加工，进而融合文字、图像、音频、视频等富媒体内容的数字出版产品也将会迎来更大的市场发展。

2. 流式版式融合化趋势加强

流式特点是指对文档包含的文字、表格、图形、图像进行顺序的排版处理。版式不固定的页面，可以根据显示页宽自动进行排版。版式固定的页面，阅读过程中始终以原始编辑版式显示，缩放后不会自动根据页宽进行重新排版。因此，不同的呈现终端适合不同的呈现格式。随着阅读方式更加数字化，阅读载体终端通常是带屏幕显示的电子仪器，如 PC、PDA、笔记本电脑、平板电脑、电视、手机、电子阅读器等，但终端属性不同，适合于不同属性的格式标准。

如以正文为主的，各元素的相对位置不需要精确保证的，更适合于流式。因为一些数字出版内容已经制作成了流式或版式的产品，为使读者获取便利，越来越多的终端开始同时支持流式或版式两种格式。

3. 推动大数据集中化

加工标准的统一和一致性增强了后期产品的网络流通。以同一加工标准为基础建构的不同平台间形成的集中化、统一的大数据库。统一输出标准格式，保证了读者在不同平台间阅读的统一体验，平台间内容发布也无须二次加工，可以形成不同平台数据库的数据联通共享，内容跨平台的直接传输和分发，推动出版大数据实现互联网时代下的真正互联互通。

2.3　数字内容标注与编目

当完成数字内容获取和元数据的确定后，便得到了待处理的数字内容，单纯靠元数据的描述无法满足具体的使用需求，有时用户希望可以将一段文本或其他内容与另外的内容联系在一起，或是用一段特定的内容去解释另一段内容，这时需要对内容语句进行进一步的处理，而标注与编目可以满足用户这一需求。

2.3.1　标注与自动标注

语言文字信息处理，即从字的信息处理转向词语、句子和篇章处理的过程，主要内容包括词语的自动切分，语料库的建设和信息的自动标注。

2.3.1.1　词语的自动切分

我们知道，书面汉语是以字为单位的，字与字之间有间隔，但词与词之间没有空挡作为标志。而字与词又不是对应的，一个字，有时独立成词，有时只是一个词的组成部分，连语素也算不上，如巧、灵巧、巧克力。我们理解句子实际上不是通过字面，而是通过对词的理解。如“中国经济发展很快”，应该分成“中国/经济/发展/很/快”，计算机把语句变成这种形式就是汉语的自动分词技术。

目前，自动分词的手段有两种：一种是机械切分，二是智能切分。机械切分是指运用简单的模式匹配技术的无条件切分；智能切分是指模拟人的思维，采用词法、句法、语义及语用等各种知识进行有条件切分。而切分正确率较高的自动分词系统无一不是这两者的结合。

下面介绍几种自动分词方法。

1. 基于词典的分词方法

该方法是一种基于规则的词切分法。其核心理念是：在进行词切分之前，预先建立一个足够大的机器词典，词典中尽可能包含所有可能出现的词；然后按照预定的策略，逐一比对待切分字符串和词典中的词条；如成功匹配到相对应的字符串，则完成切词。因此，这种方法也叫作基于字符串匹配的分词算法或称为机械分词方法。

该方法有三个主要因素，即分词词典、匹配规则和扫描方向。根据匹配词长的优先度，这种算法分为最大匹配、最小匹配、逐词匹配和最优匹配；根据文本的不同扫描方向，这种算法分为逆向匹配、正向匹配和双向匹配。一般情况下，一个词的词长和它所能表达的信息量呈正相关，因此，最大匹配算法在一些比较成熟的词典分词方法中被广泛采用。这其中常见的有：正向最大匹配法（Maximum Matching，MM）、逆向最大匹配法（Reverse Maximum Matching，RMM）和双向最大匹配法（Bi-Direction Maximum Matching，BDMM）等。MM 和 RMM 分词过程大同小异，都是采用减字的方式进行匹配，二者的区别主要在扫描顺序上。

以正向最大匹配为例，图 2-10 为正向最大匹配流程，对“我们在野生动物园玩”例句，设置匹配字段为 7，查找字典，逐一匹配，匹配不成功，去掉字段最右边的字，进行下一轮匹配，直至句子被划分完，最后的结果为“我们/在野/生动/物/园/玩”。按照同样方式实现逆向匹配，分词结果为“我们/在/野生动物园/玩”。

统计可知，由于信息后置这一中文语句的显著特点，MM 的分词效果相较而言要略逊于 RMM。有实验结果表明，仅使用 MM 的错误概率为 0.59%，而仅使用 RMM 的错误概率为 0.41%，这样的分词效果距离实际的应用还有一定的距离。BDMM 是对分别使用了 MM 和 RMM 切分结果中的不重合歧义问题作进一步处理，以此降低歧义句造成的分词错误率，但错误率的降低是以巨大的时间消耗换来的。除了上述常用的分词方法外，还有最佳匹配法、逐词遍历法、有穷多层次列举法和设立切分标志法等。

总体来说，基于词典的分词方法算法简单且易于实现，但词典的完备性难以保证，特别是对于未登录词（Out of Vocabulary，OOV）的识别率低；由于词的划分没有一个统一的标准，因此机器词典的词集质量对分词精度造成的影响较大。此外，词典的匹配速度慢，交集型（A/BC 或者 AB/C）和组合型（A/B 或者 AB）歧义的切分问题也是两个比较明显的缺陷。因此，研究者往往将词典分词方法作为文本粗分和歧义识别的起始环节，将其与基于统计和理解的分词方法结合使用，以期提升整体的分词精度和分词效率。

2. 基于统计的分词方法

基于统计的分词方法是中文分词技术的主流。该算法的依据是：在汉语上下文中，虽然没有任何的词边界，但相邻字之间联合出现的频率越高，则其越有可能形成一个词。因此，该算法首先对语料中的字符串进行全切分，然后对所有可能相邻共现的字组合进行频率统计，计算它们的互现信息，这样便将语言问题转化成了统计问题，继而建立反映相邻字互信度的概率模型，从而完成新词识别和切分。这种算法仅需对语料中每个词的频率进行计算，而不依赖于大规模的机器词典，因此也称为无词典分词方法。该方法常用的统计

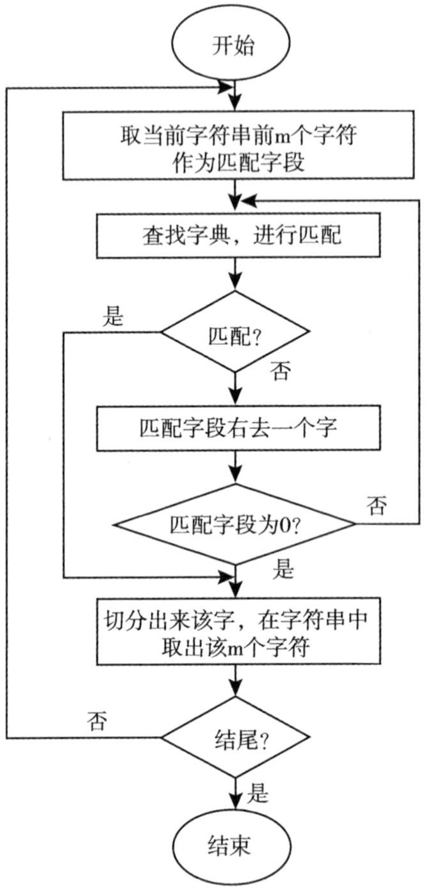

图 2-10　正向最大匹配流程

量主要有：信息熵、互信息、t-测试差等；相关的分词模型包括：N 元文法模型（N-gram）、最大熵模型（Maximum Entropy，ME）、隐马尔可夫模型（Hidden Markov Model，HMM）以及条件随机场模型（Conditional Random Fields，CRFs）等。

以 N-gram 模型为例，它是一种基于有向图的全切分算法的经典模型。该模型认为，单个词的出现与其上下文的词序列相关，即第 i 个词的出现与其前面 $i-1$ 个词相关，而和其他的词不相关，整个句子出现的概率是所有词出现的概率的乘积。我们将与前面一个词相关的模型称为二元模型；如与前面两个词相关，称为三元模型，以此类推。

3. 基于理解的分词方法

该方法也称为基于人工智能的分词算法。它在一定程度上是基于“先理解后分词”的技术路线设计的，旨在解决词典分词方法缺少全局信息，而统计分词方法缺少句子结构信息的问题，在理论上是一种最理想的分词方法。其基本思想是：在分词时模拟人脑对于语言的理解方式，根据句法、语义以及构词特点来进行分析，以达到词汇识别的效果。基于理解的分词系统一般分为分词系统、句法语义系统和总控系统三个部分。在总控系统的统一协调下，分词系统模拟人类的语言理解能力和思考过程，从句法语义系统中获得相关信息，并将其应用到词切分的歧义消除过程中。常见的分词方法有专家系统分词法（Expert System）和神经网络分词法（Neural Network）两种。

专家系统分词法从模拟人脑的功能出发，将分词所需的句法、语义等常识性分词知识和歧义切分规则等启发性知识从推理机中独立出来，两者互不干扰，从而便于知识库的维护和管理。专家系统分词的过程可以总结为利用常识性知识生成词语树和利用启发性知识进行歧义校正的过程。该系统将分词问题看作知识的推理过程，利用句法、词法、语用和语义知识进行逻辑推理，从而实现对歧义词的有效切分。

神经网络分词法是通过模拟人脑神经元的工作运行机制，进行分布处理和数学建模，将分词知识存入内部神经网络，通过机器学习和训练给出正确的词切分结果。随着深度神经网络的兴起，人们开始从大量特征工程的研究中解脱出来。从 2013 年 Mikolov 提出的 Word2Vec 模型起，深度学习开始大量应用到中文自动分词的前沿研究中。

2.3.1.2 语料库的建设

语料库是指经科学取样和加工的大规模电子文本库。借助计算机分析工具，研究者可开展相关的语言理论及应用研究，是语料库语言学研究的基础资源，也是经验主义语言研究方法的主要资源。语料库应用于词典编纂、语言教学、传统语言研究、自然语言处理中基于统计或实例的研究等方面。因此，它是数字内容中对资源处理的重要工具。

1. 建库的基本原则。

（1）注重语料的真实性。语料录入采取“实录”原则，语料标注也要忠实原作，最大限度地保持语料原貌。录入时对语料不做任何修改订正，字、词、短语、句、篇、标点符号等方面的错误和书写格式均原样录入，以全面反映应用场景中实际的语言表现。标注时除字、词方面的偏误需要“既标且改”以保证分词和标注词性的正确之外，短语、句、篇等方面的偏误均“只标不改”。

（2）注重语料的平衡性。不同类型的语料在分布上应尽可能均匀，也要根据实际情况有所区别。从文体角度看，叙述性语料占 40%，议论性语料占 40%，说明性语料占 20%。

（3）注重语料的系统性。各类语料完整，且能一一对应，相关信息完备。

（4）注重语料的动态性。语料可以不断充实与更新。

（5）注重语料库使用的便捷性。语料库结构清晰，界面简洁，响应迅捷，使用方便。用户可以从字、词、短语、句、篇、标点符号、语料性质、语体等各种角度，对语料中存在的各种偏误和正确表现进行检索查询。语料输出时还可以带有写作时间、地点、标题、文体，以及语料作者的相关信息。

2. 建库的方式与步骤

以中文语料库为例，建设步骤：

（1）制订语料库建设实施计划。

（2）研究确定语料库整体结构。

（3）收集语料。

（4）研制语料标注规范，并实施语料标注。

（5）研制开发语料库管理软件和检索系统。

（6）语料库集成。

（7）语料库试运行，并进行相应的改进。

（8）向用户开放语料库。

2.3.1.3　歧义的消除

中文分词有一个主要的难点，歧义识别，即一个字符串有两个以上不同的分割结果，如“国家法规”，可以分为“国家/法规”和“国/家法/规”。但是，第二个分割结果在语义上没有意义，如何识别和消除歧义是汉语分词的难点。因此，切词产生的歧义需要进行判断和消除。可以分为，基于统计的歧义消除和基于规则的歧义消除。

以很常见的 MMSEG 机械分词算法（http://technology.chtsai.org/mmseg/）为例，MMSEG 在搜索引擎 Solr 中经常使用到，是一种非常可靠高效的分词算法。MMSEG 消除歧义的规则有四个，它在使用中依次用这四个规则进行过滤，直到只有一种结果或者第四个规则使用完毕。

这四个规则分别是：

（1）最大匹配：选择“词组长度最大的”那个词组，然后选择这个词组的第一个词，作为切分出的第一个词，如对于“中国人民万岁”，匹配结果分别为：

中/国/人

中国/人/民

中国/人民/万岁

中国人/民/万岁

在这个例子“词组长度最长的”词组为后两个，因此选择了“中国人/民/万岁”中的“中国人”，或者“中国/人民/万岁”中的“中国”。

（2）最大平均词语长度：经过规则 1 过滤后，如果剩余的词组超过 1 个，那就选择平均词语长度最大的那个（平均词长=词组总字数/词语数量）。比如“生活水平”，可能得到如下词组：

生/活水/平（4/3=1.33）

生活/水/平（4/3=1.33）

生活/水平（4/2=2）

根据此规则，就可以确定选择“生活/水平”这个词组。

（3）词语长度的最小变化率：这个变化率一般可以由标准差来决定。比如对于“中国人民万岁”这个短语，可以计算：

中国/人民/万岁（标准差=sqrt（（（2-2）^2+（2-2）^2+（2-2）^2）/3）=0）

中国人/民/万岁（标准差=sqrt（（（2-3）^2+（2-1）^2+（2-2）^2）/3）=0.8165）

于是选择“中国/人民/万岁”这个词组。

（4）计算词组中的所有单字词词频的自然对数，然后将得到的值相加，取总和最大的词组。比如：

设施/和服/务

设施/和/服务

这两个词组中分别有“务”和“和”这两个单字词，假设“务”作为单字词时的频率是5，“和”作为单字词时的频率是10，对5和10取自然对数，然后取最大值者，所以取“和”字所在的词组，即“设施/和/服务”。

2.3.2 词性标注与语义标注

1. 词性标注

(1) 词性标注方法介绍

词性标注指在给定句子中判定每个词的语法范畴（Grammatical Category），确定其词性并加以标注的过程。一个词在不同的短语或句子中的作用可能是不同的，词的词性是根据词在不同的上下文环境中所起的作用来划分的。词类主要分为实词和虚词两类。在汉语语言中，实词和虚词扮演的角色是不一样的，实词有具体意义，能够作为句子成分出现。一般来说，实词包含动词（v）、名词（n）、数词（mq）、代词（rzv）等。“虚词”是与“实词”相对的，虚词则是指那些不能够单独充当句法成分的词。虚词主要分为六大类，即副词（wd）、介词（p）、连词（c）、助词（u）、叹词（e）和拟声词（o），具体词性编码见表2-6。

表2-6 **词性编码**

词性编码	词性名称	词性编码	词性名称	词性编码	词性名称
n	名词	c	连词	tg	时语素
ng	名语素	d	副词	u	助词
nr	人名	dg	副语素	ud	结构助词
ns	地名	e	叹词	ug	时态助词
nt	机构团体	f	方位词	uj	结构助词“的”
nx	字母专名	g	语素	ul	时态助词“了”
nz	其他专名	o	拟声词	uv	结构助词“地”
v	动词	h	前接成分	uz	时态助词“着”
vd	副动词	i	成语	w	标点符号
vg	动语素	j	简称略语	x	非语素词
vn	动名词	k	后接成分	y	语气词
m	数词	l	习用语	z	状态词
a	形容词	p	介词	un	未知词
ad	副形词	q	量词		
ag	形语素	r	代词		

续表

词性编码	词性名称	词性编码	词性名称	词性编码	词性名称
an	名形词	s	所处词		
b	区别词	t	时间词		

例如，“瑞典皇家科学院宣布，将 2020 年诺贝尔化学奖授予两名女科学家。”分词后对应的词的词性为：瑞典/ns 皇家/n 科学院/n 宣布/v，将/p 2020 年/t 诺贝尔/nr 化学/n 奖/n 授予/v 两/m 名/q 女/b 科学家/n。

词性自动标注是语言信息处理的一项基础性课题，其难点是兼类词（Conversion of Parts of Speech）的自动词类歧义排除。所谓兼类词，指同一个词具有不同的用法。《现代汉语八百词》收取了一些最常见的词，然而兼类词类所占比例高达 22.5%，也就是说往往越是常用的词，不同的用法就越多。需要注意的是，词性分类的方法是可以改变的，一种语言的词汇应该划分很多类，还有每一类应该包含哪些词汇并没有一个统一的标准。在语言学研究中，这个问题主要是由三个因素决定的，即应用需求、语言感应和工程可操作性。英文文字标注问题研究起步比较早，早在 20 世纪就有国外学者开始研究，提出了一些词汇歧义的解决方案，并建立了词性标注系统。目前比较常用的词性标注方法分为三大类：基于规则的词性标注方法、基于统计的词性标注方法、规则和统计相结合的词性标注方法。

（1）基于规则的词性标注方法。基于规则的词性标注方法的基本思想是：利用专家的语言学知识，构建已经消除歧义的规则库，利用规则库进行兼类词标注。

以最具代表性的 1971 年开发的 TAAGGIT 标注系统为例。该系统采用 86 种词性标记，利用 3300 条上下文框架规则对 100 万词的现代美国英语 Brown 语料库进行自动词性标注，标注正确率达到了 77%。这类基于规则方法的核心思想是计算机根据具体的上下文结构框架，套用语言学家总结的语言学规律来判定兼类词词性。以计算机对“研究”一词进行词性判断过程为例进行说明。

处理对象文本：“研究理论” vs “理论研究”

步骤 1：“理论”根据电子词典判定为单性词——名词；

步骤 2：“研究”根据电子词典判定为兼类词——名词、动词；

步骤 3：依据预设语言学规则 a：名词之前为动词，判断“研究理论”中的“研究”为动词；

步骤 4：依据预设语言学规则 b：名词之后跟名词，判断“理论研究”中的“研究”为名词。

可以看出，这类方法的基本工作原理是在计算机内预先设置电子词典和规则库，计算机先利用电子词典对语料进行静态词性标注（即列出对象词可能具有的所有词性），然后依据上下文信息，结合规则库规则进行词性消歧，最终保留唯一合适的词性。当然，所有规则都是以特殊的计算机语言编写而成的。基于规则的方法是归纳推理的过程，可以很好地对某一自然语料进行定性描述。但是这种方法所依赖的规则库是一个封闭的系统，所含的规则是有限的。值得注意的是，有限的规则无法对无限的不断变化着的自然语言进行一一描述，特别是在处理新词生词和特殊语言现象时，这种方法的局限性就十分突出了。这就决定了这种方法在自然语言处理中不可能具有很强的鲁棒性，其词性标注的正确率还不能满足实用性的要求。

此外，规则是由人通过手工统计归纳出来的，具有很强的主观性，其准确率依赖于专家的语言学知识，并且很难保证规则的一致性；基于规则的方法很不灵活，对有歧义的生句、长句、不规范句子的处理能力非常差，很难覆盖到语言信息的每一个方面。另外，新增加规则时，需要考虑其与已有规则的兼容性，对于整个系统来说处理起来相当麻烦。

对于规则库的构造而言，需要考虑两个基本问题：规则本身的正确率和规则的覆盖率。一般来说，对于规则库而言，这两种性能往往是成反比关系的。因此，获得一个好的规则库是非常困难的，如何协调正确率和覆盖率之间的关系，合理地安排不同规则的分布，直接决定了规则库的好坏。

（2）基于统计的词性标注方法。在经验主义的影响下，统计方法在语料库词性标注中占据主导地位。基于统计的词性标注方法主要有以下几种：基于隐马尔可夫模型（Hidden Markov Model，HMM）、基于最大熵的方法（Maximum Entropy，ME）和条件随机场模型（Condition Random Fields，CRF）等方法。

下面以隐马尔科夫模型为例，对词性标注的任务建模。

词性标注就是寻找一个词性序列 $T=t_1$，…，t_n，使得它对于单词序列 $W=\{w_1$，…，$w_n\}$ 是最优的，其中 t_1 为 w_1 的词性，$t_i \in s_i$，$i=1$，…，n，s_i 为单词所有可能的词性的集合，通常也称为标注集。如果假设词性序列 $T=\{t_1$，…，$t_n\}$ 是一个马尔科夫链，这个马尔科夫链在每次进行状态转移时都产生一个单词，具体产生哪个单词由其所处的状态决定。这样，可以很容易地把词性标注和上述的马尔科夫模型联系起来。词性序列对应模型的状态序列，而标注集对应于状态集，词性之间的转移对应于模型的状态转移。假设词性序列的马尔科夫链是 1 阶的，即每个词的词性都只由前面一个词的词性决定，因此有状态转移概率 $P(t_i/t_j)$，这对应于模型的状态转移概率 a_{ij}。而单词为模型的观察值，不同的词性状态对不同的单词有不同的输出概率 b_{ij}。设词性 t_i 产生单词 w_i 的概率是 $p(w_i/t_i)$，它对应于模型中的输出概率。图 2-11 为一个用隐马尔科夫模型描述的简单句子及词性序列，词性标注可能性有 $P(t)=4\times1\times1\times2\times2\times2\times4=96$ 种。

词性标注的任务可以等价于求解公式（2-1）：

$$\underset{T}{\mathrm{argmax}}\ (\mathrm{PLT/W}) \tag{2-1}$$

即对于特定的，寻找最可能的，这即是隐马尔科夫模型的基本问题。当然，在此之前，需要利用已标注语料获得模型参数。

统计的方法相对而言优点明显，其得到的语言知识是统计获得的，更加具有客观性，避免了手工编制语料信息的主观色彩，而且处理效率更高。基于统计的方法虽然没产生兼容性问题，但是很容易出现数据稀疏的情况，就算是将训练语料库的规模无限扩大，还是会出现零概率的问题。针对这一问题，通常会采用数据平滑算法来处理。

（3）基于规则和统计相结合的词性标注方法。基于规则的方法和基于统计的方法各有利弊，为了满足实际应用的需要，有效的方法是将基于统计和规则的方法结合起来，取

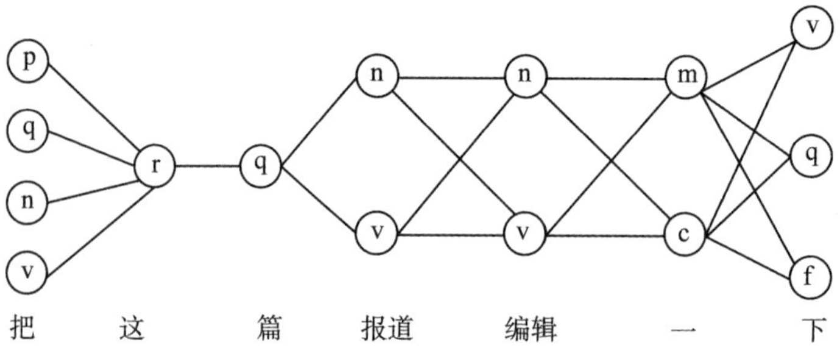

图 2-11　一个句子的标注示例

长补短，在利用大规模语料库建立统计模型的同时，使用一定的语言学规则。人工集成、建造兼类词的鉴别规则库方法就是这类方法中的一种，它的核心思想是对统计算法得到的概率矩阵、兼类词词典和非兼类词词典进行再处理，并在处理过程中辅助以语言学规则。

具体操作步骤为：

①计算机自动生成的兼类词词典。

②对兼类词词典进行人工处理，整理生成人工处理后的兼类词词典。这种人工处理的结果是，词典中每个词都被注明所有可能的词性标记，并依据词性出现的概率从大到小进行排序，同时每个词性后还附带经典例句。

③利用统计方法生成的词性同概率矩阵和标注实例的验证结果，对词类搭配组合进行定性描述，生成句法规则。

④依据语料中自然语法现象获取词汇结构规则，进一步扩充完善规则库内容。

⑤计算机依据最新的规则库（包括语言学规则和统计模型），进行词性标注。

这种统计与规则并举的词性标注方法，融合了两者的优点，用语料库来获取各类知识（包括句法规则、词汇搭配规则）和统计数据，在计算机上同时建立起规则库和统计模型。当计算机进行词性标注时，对简单的语言现象直接调用语言学规则来保持机器较高的工作效率，节约资源；对于语言学规则难以处理的现象，则借助统计模型来解决。与纯粹的统计方法相比，计算机的工作效率有了明显的提高；而比起纯粹的规则方法，这种方法利用统计模型弥补了规则方法规则有限性的缺陷，其处理自然语言的能力大大增强了，鲁棒性也提高了。

2.3.2.2　语义标注

1. 语义标注概述

语义标注是 20 世纪 90 年代被提出来的。研究过程中，语义标注采用的方法和技术虽然各不相同，但其本质还是传统意义上的标注（也称为标引）。标注是为信息添加其他信息的过程，可以看作“做笔记或者做评论”。对标注的概念含义进行更深入的探索，发现术语“标注”既可以表示标注的过程，也可以表示标注的结果。通常所说的“标注”指的是标注的结果。所有标注的建立，都是在一定情境下的标注数据和被标注数据的关联。按照标注出现的时间顺序，可将其划分为传统网络标注、大众标注和语义标注。其中传统网络标注是在传统的互联网中使用较多的标注方法，具体包含元数据标注、聚类分析、分类标注三种；大众标注是互联网发展到一定阶段，特别是进入 Web2.0 后大量网络用户参与的网络标注方法；语义标注是以传统网络标注、大众标注为基础和脉络发展起来的，在 Web3.0 的基础上结合以往相关技术提出的新元数据标注方法。

传统网络标注是早期互联网的产物，其在图书馆、门户网站等组织机构得到广泛的应用。进入 Web2.0 时代，网络资源的高速增长使得利用受控词汇（被精心挑选出来的词汇列表，或事先规范化的检索语言）进行标注的难度越来越大，而利用自然语言进行的网络全民标注因其高效、方便、易操作等优点得到了全面的发展。标签云图是大众标注中最常用的可视化效果，是一种直观的表达和组织信息资源的方式，但同时因其一词多义、同义词、层级结构缺失等问题被部分研究者所质疑，这些问题在传统标注过程中都会应用相应的控制方法加以解决，但是在大众标注中应用词汇控制方法实现标签规范化是不现实的。

从 Web2.0 过渡到 Web3.0 需要全面明确地揭示词表中的词间关系，如等同关系、等级关系、相关关系等。本体是“概念模型的明确的规范说明”，明确定义了概念及概念间的关系，可以被看作一种抽象的受控词汇表，基于本体的语义标注能够缓解大众标注的不规范问题。语义网也被称为 Web3.0，是网络信息资源的一种表达方式，它以 XML 和 URI 为基础语法，在资源描述框架 RDF 的基础上实现各种网络应用。实现语义网目标的一个重要前提是利用本体词汇标注 Web 资源，也就是利用相关方法和技术对当前的网络信息进行语义标注，使得互联网中的信息资源成为机器可识别的数据。

2. 语义标注的特征

（1）语义标注、传统网络标注和大众标注的差异。传统网络标注主要是以分类法为基础的网络资源元数据标注。大众标注与传统网络标注的区别主要体现在传统网络标注是自顶向下的，具有严谨的层次结构，而大众标注是自底向上的，其组织体系较为散乱，若将传统网络标注所形成的层次体系比作一棵分类树，那么大众标注可看作由用户自创建，而叶子无序地堆放在一起。

语义标注的知识来源于本体（或其他受控词表），也可认为是一种自顶向下的层次分类法，从这个角度来看语义标注与传统网络标注具有同等的知识组织理念，即都是使用受控词汇的分类法。相比于大众标注，语义标注在形式上不仅提高了标注的可控性，更因本体的引入使得标注更具有语义性和关联性。

因此，对于大众标注，可以考虑在用户添加标签后，利用自然语言处理和本体的方法对标签进行分析和关联定位，通过树状层次结构或网状的知识体系结构向用户显示其标注所处的节点位置，便于用户全面地认识问题，从而实现自底向上大众标注与自顶向下本体的结合。

（2）语义标注的主要特点。语义标注是自然语言深层处理的关键技术之一，不仅继承了命名实体识别、词性标注和词义消歧的优点，而且体现出其自身的特殊性。自动语义标注可以看作典型的命名实体识别（NER）和标注过程。传统的命名实体类型集只包含几个通用的类型，例如组织、人物、日期、位置、百分比、金钱等。虽然这些代表了最重要的领域无关的通用命名实体类型，但这些同类型的实体可以被拆分为更加明确的类型，例如上市企业、体育团队和联合投资等都是组织机构。语义标注提供了更多的精确类型信息，因为语义标注的命名实体是严格参照本体的。

语义标注与NER的主要区别在于，语义标注的过程中需要识别实体，典型的命名实体识别任务是猜测实体的类型，而语义标注需要精确的识别实体（不管是已知还是未知的）并引用该实体。

部分学者认为语义标注与词性标注类似，词性标注受限于语言学中的语法层面，是一种浅层的语言处理，而语义标注已经上升到了语法层面，是一种深层次的语言处理。语义标注在机器学习、信息抽取、自动翻译等自然语言处理相关研究中得到了大量的应用，被认为是自然语言深度理解的必要前提。

也有部分研究者认为语义标注与词义消歧从本质上可认为是同一个问题，它们都是根据情境文本来决定词语的意义。但严格上讲，语义标注与词义消歧也存在有一定的差异，词义消歧主要是针对同词异义的现象提出的，一般要对情境中的词语进行阐释，而语义标注则是一种广泛意义上的词义区分，其所用的分类标签通常更为抽象。

2.3.3　中文分词系统介绍

（1）ICTCLAS。由中科院计算技术研究所开发的汉语词法分析系统ICTCLAS（Institute of Computing Technology，Chinese Lexical Analysis System）是基于多层隐马模型研制出的汉语词法分析系统，功能有中文分词、词性标注、未登录词识别。分词正确率高达97.58%（973专家评测结果），未登录词识别召回率均高于90%，其中中国人名的识别召回率接近98%；处理速度为31.5 Kbytes/s。演示网址为http：//ictclas.org/test.html。

（2）HTTPCWS。是一款基于HTTP协议的开源中文分词系统，目前仅支持Linux系统。HTTPCWS使用“ICTCLAS 3.0 2009共享版中文分词算法”的API进行分词处理。演示网址为http：//blog.s135.com/demo/httpcws/。

（3）SCWS简易中文分词系统。SCWS在概念上并无创新成分，采用的是自行采集的词频词典，并辅以一定程度上的专有名称、人名、地名、数字年代等规则集，经小范围测试大概准确率在90%—95%，已能基本满足一些中小型搜索引擎、关键字提取等场合运用。SCWS采用纯C代码开发，以Unix-like OS为主要平台环境，提供共享函数库，方便植入各种现有软件系统。演示网址为http：//www.ftphp.com/scws/demo.php。

（4）PhpanAlysis PHP无组件分词系统。PhpanAlysis分词系统是基于字符串匹配的分词方法，即机械分词方法，它是按照一定的策略将待分析的汉字串与一个“充分大的”机器词典中的词条进行匹配，若在词典中找到某个字符串，则匹配成功（识别出一个词）。演示网址为http：//www.itgrass.com/phpanalysis/。

（5）其他分词系统，包括MMSEG4J、盘古分词和IKAnalyzer开源的轻量级中文分词工具包。

2.3.4　数字内容编目

所谓编目就是对信息资源的形式及内容特征进行分析、选择和记录，然后再将这些描述信息按照一定的规则有序化地组织起来。最初的编目来源于传统的图书编目管理，可借鉴的标准主要有 UNIMARC 标准和 CNMARC 标准。MARC 就是机读目录，即 Machine-Readable Catalogue，称机器可读目录，是计算机编目的产品。

数字媒体的编目管理描述数字媒体内容，解决用户检索的可靠性。国家广播电影电视总局广播电视规划院于 2005 年和 2016 年分别发布了《广播电视音像资料编目规范（第 1 部分电视资料）》和《广播电视音像资料编目规范（第 1 部分广播资料）》，规定广播电视、音频资料编目的著录项目（元数据）及其使用规则和数据表达方式，为光电行业的媒体资产编目提供了统一的标准。这一编目规范中所使用的元数据标准为都柏林核心元数据集。实际应用中，编目元素的设定往往根据实际需求实现元数据甄选，为编目系统功能提供支撑。

编目系统是媒体内容管理的重要环境，直接关系到系统运行状况的好坏。以多媒体数字内容为例，完整的编目系统需要满足如下功能。

（1）编目系统要符合编目标准，建立节目、片段、场景、镜头具有层次关系的视音频元数据结构。

（2）编目系统要能够浏览低码流的视音频数据对象，同时可以方便快速地浏览和帧精度定位。

（3）编目系统要能够对关键帧进行浏览和编辑，并可以实现自动或手动进行节目或节目片段的关键帧分析和提取。

（4）编目系统可以采用各种灵活的字段结构以及编目输入界面，能够灵活方便地处理各种复杂编目元数据，如受控词处理、重复字段处理、绑定关系处理、分类树处理等。

（5）编目系统应支持工作流程的管理、运行和配置，能够实现多结点、多用户的协调流水线方式的编目生产，以提高编目效率。

（6）在整个编目流水线上，应具备审核机制，并可以对任何未能通过审核的编目元数据建立返工机制。

（7）编目管理要能够配置各种编目参数，包括流程的配置，同时能够提供对不同流程的编目功能定义以及功能权限的限制。

（8）编目管理要能够方便地对整个或单个的编目流程进行数据统计和分析，对编目流程、在编条目进行工作量统计计算，以便于管理人员进行工作量统计和流程管理。

思考题

1. 数字内容获取的流程是什么？
2. 元数据的定义是什么？DC 核心元数据有哪些？
3. 什么是中文分词？典型的机械分词方法有哪些？
4. 什么是标注？词性标注的方法有哪些？
5. 数字内容编目的主要目的是什么？

第3章　数字内容组织

数字内容的组织与管理是数字内容管理系统的重要组成部分，包括如何将已获得素材和元数据进行组织和互操作，本章重点介绍数据组织和互操作方法，描述对数字内容如何进行标引、索引和归档。

3.1　元数据组织与互操作

3.1.1　XML

XML（eXtensible Markup Language）是对元数据进行有效组织的手段，是实现数据共享和数据传输的基础技术。XML 是一种可扩展的标记语言，是 SGML（Standard Generalized Markup Language，标准通用标记语言）的一个子集，非常适合 Web 传输，它提供统一的方法来描述和交换独立于应用程序或供应商的结构化数据。XML 可以用来定义其他的标记语言，并且这种标记语言的元素标记是由用户自己定义的，它的另外一个重要特点是将文档内容和显示样式分隔开来，文档中的标记是用来描述 XML 数据元素的含义，而不是描述其如何显示，因此 XML 是一种自描述的数据。

图 3-1 为几种常见的标记语言。SGML 是一种定义电子文档结构和描述其内容的国际标准语言，是所有电子文档标记语言的起源，早在 Web 发明之前 SGML 就已存在。HTML（Hypertext Markup Language，超文本标记语言），它是 SGML 的一个子集，是一种专为 WWW 网页显示及浏览而设计的简易标示语言，目前是 WWW 上制作网页的标准语言格式，用来制作静态网页。

3.1.1.1　XML 的产生

SGML 是一种元语言（Meta Language），利用它可以定义其他无数种语言。其优点表现如下。

（1）有弹性，可以描述任何的信息机构与任何的复杂文件。

（2）非专属、平台独立与系统独立。SGML 并不专属于特定的平台与特定的应用系统，可以在彼此不兼容的系统间交换，不会造成信息遗失（Information Loss），这个特性使得 SGML 文件可以长久保存。

（3）信息再利用，通过 SGML 文件内容模块（Content Module）的再利用，使得文件的产生更有效率、更经济，SGML 文件的内容可以重复利用，或者被其他的 SGML 文件使

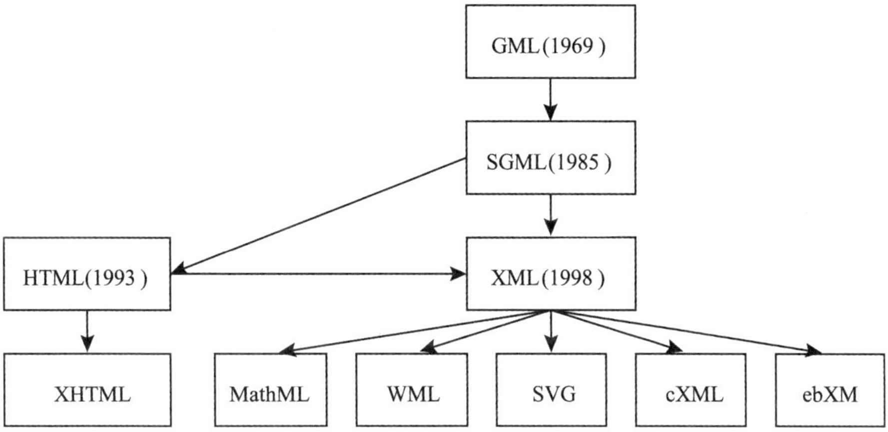

图 3-1 几种标记语言

用，不须重新产生内容。

其限制表现在以下几点。

(1) 不易开发，SGML 庞大且复杂的选项功能虽然使得 SGML 具有较高的弹性，但也增加了应用程序开发的难度，即使 SGML 工具的主要供应厂商 ArborText 所发表的产品，也没有百分之百支持 SGML 标准。

(2) 高弹性增加了应用程序开发上的难度，不易在 Web 网上发布，只能通过特定的浏览器（如 Panorama）才能阅读，要能够浏览 SGML 文件，必须要有文件型别定义（Document Type Definition；简称 DTD）及样式表（Style. Sheet）。DTD 定义了文件结构间的关系，样式表定义了这些结构的呈现格式，如果少了 DTD 与样式表就只能看 SGML 文件的原始码了。由于目前 Web 上的主流浏览器只支持 HTML，HTML 文件并不需要 DTD 与分离的样式表，因此 SGML 文件在 Web 上只能通过特定的浏览器（如 Panorama）才能阅读，不过这类浏览器并不普及。如果希望 SGML 信息能在 Web 上被大多数人浏览，只好通过转换程序将 SGML 转成 HTML，但这样的转换往往会造成信息遗失，原本 SGML 文件中所标示的结构在转换成 HTML 文件后并无法继续存在。

(3) 缺乏厂商的支持：Web 上的主流浏览器厂商 Microsoft 支持 HTML 的发展，但并没有支持 SGML 的意愿；由于 SGML 过于复杂，也只有少数厂商愿意投资开发 SGML 的相关应用程序，这使得 SGML 在普及上造成很大的障碍。

HTML 是 SGML 最著名的应用，WWW 的开山祖师 Tim Berners-Lee 对 HTML 所下的定义是：HTML 是一种用以创造超文本的简易数据格式，其所创造出来的文件可在不同的作业平台间移动。然而，HTML 在很多方面存在限制：结构上的限制、信息再利用的限制、数据交换的限制、自动文件处理的限制、无法支持较精确的查询等。

XML 是 W3C 在 1996 年年底提出的标准，它是从 SGML 衍生出来的简化格式，也是一种元语言（Meta-language），可以用来定义任何一种新的标示语言。XML 的制定是为了补足 HTML 的不完美，使得其在 Web 上能够传输、处理各类复杂的文件，它去除了 SGML

复杂不常用及不利于在 Web 传送的选项功能，让使用者可以很容易地定义属于自己的文件形态，程序设计师也能在更短的时间开发 XML 相关应用程序。

3.1.1.2　XML 介绍

与 HTML 相同，XML 使用尖括弧“< >”描述标签，标签也是成对出现的，但是与 HTML 不同的是：

（1）XML 标签不是预定义的，可根据需要自行定义。

（2）XML 标签及其内容称为元素，XML 元素可以由任意多层嵌套组成。

（3）XML 文档只描述数据而不包括显示格式，其显示可以由另一文件描述。XML 采用简单的格式——文本格式，因此可以跨平台使用。

下面结合一个 XML 文档例子说明 XML 的语法格式。

例 1　XML 文档例子。

```
<! --XML 文件示例-->
<? xml version=" 1.0" encoding=" gb2312"? >
<books>
<book year=" 2000" >
<title>数据库系统及应用</title>
<author>
<name>李丽</name>
</author>
</book>
<book year=" 2010" >
<title>C++语言</title>
<author>
<name>王平</name>
</author>
</book>
</books>
```

XML 文档一般由四部分组成：XML 声明、处理指令、XML 元素和注释。其中 XML 声明和 XML 元素是必需的，而处理指令和注释则是可选内容。

XML 声明用于声明该文档是一个 XML 文档；它的起始标识是“<?”，结束标识是“? >”。还可以有其他的用途，比如定义文档的编码方式是 GB 码还是 Unicode 编码方式，或是把一个样式单文件应用到 XML 文档上用以显示。上例中的 XML 声明语句如下：

```
<? xml version=" 1.0" encoding=" gb2312"? >
```

处理指令是包含在 XML 文档中的一些命令性语句，目的是告诉 XML 处理一些信息或执行一定的动作。

XML 元素是 XML 文件内容的基本单元，元素是由起始标记、元素内容和结束标记组成。用户把要描述的数据对象放在起始标记和结束标记之间。例如：

<name>王平</name>

XML 元素中还可以再嵌套别的元素，这样使相关信息构成等级结构。最外层的元素称为根元素，一个 XML 文档中有且仅有一个根元素，其他所有的元素都是它的子元素。在例 1 中，<books>就是根元素。在<books>的元素中包括了所有书的信息，每本书都由<book>元素来描述，而<book>元素中又嵌套了<title>和<author>元素。

XML 的元素是拥有属性的，而且可以有许多属性。属性给元素提供进一步的说明信息，它必须出现在起始标记中。属性以"名称/取值对"出现，属性名不能重复，名称与取值之间用"="分隔，并用引号把取值引起来。例如：

<salary currency=" US $ " >25000 </salary>

上面的属性说明了薪水的货币单位是美元。

注释是 XML 文件中用作解释的字符数据，XML 处理器不对它们进行任何处理。注释是用"<! --"和"-->"引起来的，可以出现在 XML 元素间的任何地方，但是不可以嵌套，例 1 中的<-- XML 文件示例-->就是注释。

XML 是一种语法要求比较严格的标记语言。如果一个 XML 文档满足以下要求，则称其为一个结构良好的 XML 文档。

（1）文档的开始必须是 XML 声明。

（2）含有数据的元素必须有起始标记和结束标记，起始标记和结束标记应当匹配，且大小写一致。XML 对字母的大小写是敏感的。

（3）不含数据并且仅使用一个标记的元素必须以/>结束。

（4）文档只能有一个能够包含全部其他元素的元素，即根元素必须唯一。

（5）元素只能嵌套不能重叠。

（6）属性值必须加引号，属性是不允许重复的。

（7）字符<和 & 只能用于起始标记和实体引用。

（8）出现的实体引用只有 &. amp、&. lt、&. gt、&. apos 和 &. quoto。

（9）文档必须包含一个或多个元素。

（10）元素必须正确关闭。

例 1 就是一个结构良好的 XML 文档例子。

对于一个结构良好的 XML 文档，还要遵守 DTD 或 XML Schema 的语法规定，只有这样才能保证 XML 文档的易读性，同时还能充分地体现数据信息之间的关系，从而更好地描述数据。

3.1.1.3 DTD 介绍

文档类型定义英文全称为 Document Type Definition，简称 DTD，是一套关于标记的语法规则，它定义了 XML 文档的逻辑结构，规定了 XML 文档中所使用的元素、实体、元素的属性、元素与实体之间的关系。

DTD 可以定义 XML 文档的词汇和语法。DTD 除了可以说明 XML 文件中哪些元素是必需的、哪些是可选的、元素所能包含的属性等元素本身信息外，还可以描绘元素之间的结构信息。比如，某个元素可以嵌套哪些子元素、子元素的个数，以及出现次序、是否可选等。

DTD 可以存在于 XML 文档内部，也可以在外部单独定义。在外部定义 DTD 的好处是，可以方便地被多个 XML 文档共享，只需要定义一份 DTD 文档，即可为多个 XML 文档定义语义约束。

典型的 DTD 格式如下。

（1）以 DOCTYPE 声明为起始标志，告诉解析器以下内容属于 DTD。

（2）位于 DOCTYPE 后的 DTD 名称，必须与 XML 文档中的根元素完全一致，后面是一个“［”号，接下来是 DTD 正文。DTD 正文包括以下结构。

① 零到多个注释部分，DTD 注释与 XML 注释的语法完全相同。

② 零到多个<！ELEMENT…>定义，每个<！ELEMENT…>定义一个 XML 元素。

③ 零到多个<！ ATTLIST…>定义，每个<！ ATTLIST…>定义一个属性。

④ 零到多个<！ ENTITY…>定义，每个<！ ENTITY…>定义一个实体。

⑤ 零到多个<！ NOTATION…>定义，每个<！ NOTATION…>定义一个符号。

使用 ELEMENT 声明 XML 元素的语法格式如下：

<！ELEMENT 元素名元素内容>

其中，元素名为当前元素指定的元素名称，元素内容用来指定元素的内容类型，它可以分为 EMPTY（空）、子元素类型、混合型、ANY（任意）和#PCDATA 共 5 种类型。

如果元素内容是 EMPTY，则该元素只可能有属性，不能有元素内容。其中声明空元素的语法如下：

<！ELEMENT 元素名 EMPTY>

定义只能是字符串元素的语句格式如下：

<！ELEMENT 元素名#PCDATA>

某个元素既有字符串内容，又包含子元素，被称为混合内容的元素。一般来说，XML 文档不推荐使用混合内容的元素。定义混合内容元素的语句格式如下：

<！ELEMENT 父元素名（#PCDATA ｜ 子元素 1 ｜ 子元素 2｜ 子元素 3……） ＊>

元素包含子元素是 XML 文档中最常见的情形，DTD 可以有效地定义各元素之间的父子关系，从而有效地描述整个文档结构。定义元素包含的子元素时，DTD 规定了对有序的子元素及互斥的子元素的定义。定义有序的子元素时用英文逗号（,）作为子元素之间的分隔符，则子元素之间必须遵守所定义的顺序；互斥的子元素表明一系列子元素之间只能出现其中一次。互斥子元素使用竖线（｜）分隔，以竖线（｜）分隔的多个元素只能出现其中之一。子元素的出现频率通过在元素声明后紧跟一个表示频率的特殊标记来表示，DTD 中表示频率的特殊标记有 3 个。

+表明子元素可以出现 1 次或多次。

＊表明子元素可以出现 0 次或多次。

？表明子元素可以出现 0 次或 1 次。

如果在定义子元素时，没有在子元素后指定任何表示频率的特殊标记，则表明这些子元素只能出现一次，且必须出现一次。

DTD 对属性声明的语法格式如下：

<! ATTLIST 元素名属性类型［属性限定条件］［默认值］>

其中，“属性限定条件”和“默认值”两部分是可选的，会有下面几种情况。

在没有指定“元素对属性的约束”时，必须为该属性指定“默认值”。

当“元素对属性的约束”是# REQUIRED 时，不能为该属性指定“默认值”。

当“元素对属性的约束”是“IMPLIED”时，不能为该属性指定“默认值”。

当“元素对属性的约束”是“FIXED”时，必须为该属性指定“默认值”。

对属性的限定条件包括：

REQUIRED：必须的属性，意味着必须为该元素提供该属性。

IMPLIED：该属性是可有可无的。

FIXED：该属性的值是固定的，定义时必须指定固定值。使用该元素时无须为其分配该属性，XML 处理器会自动为属性增加固定值。

字符类型：CDATA 是简单的纯文本字符类型，也是最常用的类型，将简单的文本用作属性值。可以包括任何字符串，但不允许使用“<”“>”“&”“” ”和“‘”。如果需要使用，必须使用实体引用。属性值和元素内容都可以是文本类型，但是定义的方法不同。

枚举类型：声明了属性的备选值列表，属性必须从该列表中选择一个值作为属性值。

DTD 对实体的声明分为以下 3 种情况。

(1) 定义普通实体。普通实体是在 XML 文档里使用的实体，语法如下：

<! ENTITY 实体名“实体值”>

使用实体的语法如下：

&. 实体名;

定义了可在 XML 文档中使用的实体后，该实体既可以作为某个 XML 元素的字符串使用，也可以作为某个 XML 元素的属性值使用。

(2) 外部普通实体。外部实体的值不在 DTD 中直接指定，而是专门提供一个文件为该实体指定值——“实体值所在的文件的 URL”处的文件来指定。定义外部实体的语法格式如下：

<! ENTITY 实体名 SYSTEM“实体值所在文件的 URI”>

<! ENTITY 实体名 PUBLIC“公用实体标识名”“实体值所在文件的 URI”>

(3) 外部参数实体。类似于定义内部参数实体，语法结构如下：

<! ENTITY%实体名 SYSTEM｜ PUBLIC［“公用实体标识名”］“实体值所在文件的 URI”>

目前，DTD 是 W3C 推荐的验证 XML 文档有效性的唯一正式规范，但它也有许多 XML 智能信息检索技术不足之处。

(1) DTD 过于复杂，要熟悉它的语法、标记集合需要一定的时间和精力，而且 DTD 采用的是非 XML 语法规则，不能用 XML 工具进行操作处理。

(2) DTD 对数据类型定义支持不够，所定义的数据类型有限，并且都是针对属性而设定的，无法满足电子商务等 Web 应用所需要的丰富数据类型。

(3) 扩展机制复杂，也很脆弱，最大的弊病在于不能表达元素之间的相互关系。

（4）DTD 不支持名称空间的机制。

以上种种缺陷，促使 W3C 组织致力于寻求一种新的机制来取代 DTD。在众多的标准之中，Microsoft 公司提出的 XMLSchema 较为引人注目。它具有完全符合 XML 语法、丰富的数据类型、良好的可扩展性，以及易被 DOM 等 XML 解析器处理等优点。

3.1.1.4　XMLSchema

XML Schema（XML 模式）用来描述 XML、元素和属性。它包括属性和元素类型说明，是可以为 XML、元素和属性提供数据的类型校验模块。Schema 与 DTD 不同，DTD 本身有自己的语法和要求，而 Schema 是完全符合 XML 语法的，与 DTD 相比，XMLSchema 具有以下几个明显的优势。

（1）XML Schema 使用 XML 语法。

（2）XML Schema 支持名称空间。

（3）XML Schema 支持多种数据类型。

（4）XML Schema 具有更为强大和灵活的定义能力。

下面是一个简单的例子：

```
<? xml version=" 1.0" encoding=" GB2312" ? >
<Schema xmlns=" urn: schemas-microsoft-com: xml-data" xmlns: dt=" urn: schemas-microsoft-com: datatypes" >
<ElementType name=" name" />
<ElementType name=" sex" />
<ElementType name=" age" />
<ElementType name=" birthday" content=" eltonly" >
<element type=" year" />
<element type=" month" />
<element type=" day" />
</ElementType>
</Schema>
```

其中，第 1 行是一个 XML 序言，符合 XML 基本语法要求，第 2 行和第 3 行是对 Schcma 域名的一个定义，第 4、5、6 行分别是对 name、sex、age 元素的定义，第 7 行是对 birthday 元素的一个定义，但 birthday 元素又包含了 year、month 和 day 三个元素，content 属性是对元素中的数据进行说明的。根据 content 中的数据 eltOnly 可以知道 birthday 元素的数据只能够由元素构成。

从上面的例子可以知道如何对一个简单的元素进行定义，也可以知道一个由其他元素组成的元素如何定义。通过由元素组成的元素的这种定义，就可以定义一个嵌套结构的 XML 树的基本结构。

3.1.1.5　Xpath

XPath 是查找 XML 文档中的部分内容的一种语言，目前 W3C 已推出功能强大的

XPath 2.0 版本。

XPath 使用路径表达式确定 XML 文档的节点，下面以例 1 所示的 XML 文档为例简要介绍 XPath 的语法。XPath 使用模式表达式识别 XML 文档的节点。一个 XPath 的模式是使用反斜杠“/”分开子元素名称描述路径。

下面的 XPath 表达式选择元素 books 下元素 book 中的所有 title 元素：

/books/book/ title

其中，用“/”路径开始代表元素的绝对路径，不用“/”路径开始则代表元素的相对路径，例如：

book/ title

而用“//”路径开始代表整个文档满足条件的所有元素，例如下面的 XPath 表达式选择文档中所有的 book 元素：

//book

（1）选择未知元素。通配符“ * ”可用于选择未知 XML 元素。例如下面的 XPath 表达式选择元素 books 中的所有 book 元素所属的子元素：

/books/book/ *

下面的 XPath 表达式选择元素 books 下所有孙子辈的 title 元素：

/books/ * /title

（2）选择分支。使用方括号 [ ] 可以指定特定的元素。例如下面的 XPath 表达式选择元素 books 中的第一个 book 的子元素：

/books/book [1]

下面的 XPath 表达式选择元素 books 中的最后一个 book 的子元素：

/books/book [last ( )]

（3）选择几个路径。在 XPath 表达式中，使用“ | ”运算符可以选择几个路径。例如下面的 XPath 表达式从隶属于 books 的 book 元素中选择所有 title 和 author 元素：

/books/book/title | /books/book/author

（4）选择属性。在 XPath 中，所有属性使用@前缀。例如下面的 XPath 表达式选取所有名为 year 的属性：

//@ year

下面的 XPath 表达式，选取所有具有 year 属性的 book 元素：

//book [@ year]

下面的 XPath 表达式，选取所有具有 year 等于“2010”属性的 book 元素：

//book [@ year= “2010”]

3.1.1.6 XML 文档解析器

对于一个 XML 文档，应用程序是不能直接使用或进行处理的，必须通过 XML 解析器把文档解析成可操作的文档。XML 文档解析器实际上是一些代码，用来读取文档并分析文档的结构。解析 XML 文档是处理 XML 文档的第一步。一般来说，要对 XML 文档中的数据进行处理，或创建 XML 文档，或对文档进行添加、删除、修改等操作都要通过 XML

解析器。解析器取得 XML 文档并检查文档是否是结构良好的或有效的。在大多数情况下，会生成一个解析树，该树含有 XML 文档中的所有对象。

目前，对于 XML 文档的解析主要有两种方法：一个是 DOM（Document Object Model），一个是 SAX（Simple API for XML）。这两种解析方法都可以解析 XML，但是在解析 XML 的方式上有很大的不同，DOM 是一次性地把 XML 文件读入到内存里解析，处理速度很快，而 SAX 则是一部分一部分地解析，所以资源占用较少。目前 Microsoft 和 Java 都支持这两种解析器。

1. SAX 简介

SAX 是一种基于事件（Event）的模型，可用于避免构造文档完整的树状结构。SAX 事件由解析器在进入或离开文档、元素、属性、子树时产生。该模型可在不关注文档完整结构的情况下测定其特征或相关数据。它是一个低代价的、事件驱动的 API 标准。SAX 虽然不是万维网协会（Worldwide Web Consortium，W3C）提出的官方标准，但却因为支持部分解析和内存消耗较小等优势，在实际中被广泛应用，几乎所有的解析器都对其提供支持。

SAX 提供了一种顺序访问 XML 文档的方式，整个 XML 解析过程类似于流媒体的处理过程。在解析时，XML 文档被从头到尾顺序地读入，触发一系列相关的事件，同时发出相应的 SAX 事件报告，应用程序只需根据事件的发生来调用相应的处理方法，对每一事件进行处理。

一般来说，SAX 按照下列步骤来解析 XML 文档。

（1）设置事件的处理器，即对 ContentHandler 接口做相应的实现。

（2）产生解析器，载入需要解析的文档并注册相应的事件处理器。

（3）在感兴趣的事件方法中加入适合程序需要的控制逻辑，如果需要的话，可以产生自己的对象模型。

（4）根据文档解析过程中产生的事件，调用相应的事件处理方法。

（5）重复（4）直至文档解析结束。

2. DOM 简介

文档对象模型（Document Object Model，DOM）定义了允许程序对 XML 文档的格式、结构和内容进行访问和更新的接口。用一种树状结构来存储 XML 文档，是 W3C 推荐的一种 API 标准。整个树状结构以 Document 对象为根，其余所属元素及属性构成根的子树。DOM 是通过提供一系列接口（属性和方法）来表达文档对象的。DOM 的核心概念是节点（Node），XML 的每种结构如元素、属性都用它来表示。访问一棵 XML 文档树中的节点需要编写递归算法对其进行遍历。

DOM 是一种与平台和语言无关的接口，它允许程序和脚本动态访问和修改文档的内容、结构和类型。它定义了一系列的对象和方法对 DOM 树的节点进行各种随机操作。

（1）Document 对象：作为树的最高节点，Document 对象是对整个文档进行操作的入口。

（2）Element 和 Attr 对象：这些节点对象都是文档某一部分的映射，节点的定级层次恰好反映了文档的结构。

(3) Text 对象：作为 Element 和 Attr 对象的子节点，Text 对象表达了元素或属性的文本内容。Text 节点不再包含任何子节点。

(4) 集合索引：DOM 提供了几种集合索引方式，可以对节点按指定方式进行遍历。索引参数都是从 0 开始计数。

DOM 树中的所有节点都是从 Node 对象继承而来的。Node 对象定义了一些最基本的属性和方法，利用这些方法可以实现对树的遍历，同时，根据属性还可以得知节点的名称、取值，并判断其类型。

利用 DOM，开发人员可以动态地创建 XML、遍历文档、增加/删除/修改文档内容。DOM 提供的 API 与编程语言无关，所以对一些 DOM 标准中没有明确定义的接口，不同解析器的实现方法也可能有所差别。

3. SAX 和 DOM 的比较

DOM 和 SAX 是 XML 的两种解析模型，它们各有特点，适用于不同的情况。下面对两种模型进行比较，来说明它们的不同和适合情况。

DOM 是基于树状结构的 W3C 推荐的 API 标准，它一般适用于需要结构化编辑（添加、删除、移动等）XML 文档、对 XML 文档的结构有清楚的了解，以及和其他应用共享 XML 文档的情况。在这些情况下，使用 DOM 可以完成上述操作。但由于 DOM 在解析 XML 文档时，要把整个 XML 文档在内存中以树状存储，然后对节点进行操作，因此，采用 DOM 占用内存比较大，执行速度比较慢。

SAX 是基于事件的有广泛支持的 API 标准，它一般适用于以下几种情况。

(1) 只需要从 XML 文档中抽取部分元素，与文档结构无关的情况。

(2) 文档比较大，没有足够的内存来进行处理的情况。

(3) 不和其他应用共享 XML 文档的情况。

在这些情况下，采用 SAX 比较合适。在 SAX 解析 XML 文档中，是不需要把整个 XML 文档读入到内存中的，所以它的处理速度比较快，可以对文档的一部分进行操作，但对于要求对 XML 文档结构比较清楚的时候就无法处理了。

例 2 描述书目的 XML 文档。

```
<? xml Version=" 1.0" encoding=" gb2312"? >
<books>
<book email=" aa@ 123. " com>
<title> XML Retrieval<title>
</title></title></book>
<book email=" bb@ 123. " com>
<title> information Retrieval </title>
</book>
</books>
```

对于例 2 所示的 XML 文档，分别用 DOM 和 SAX 方式解析如下：以 DOM 方式解析成一棵树，如图 3-2 所示。

以 SAX 方式解析成事件，如下所示。

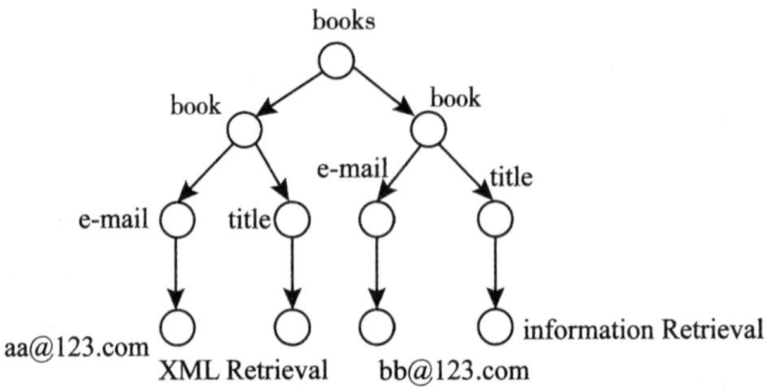

图 3-2　XML 文档的 DOM 解析树

StartElement：books

StartElement：book

ATTRIBUTE：email VALUE：aa@ 123. com

StartElement：title

Characters：XML Retrieval

EndElement：title

EndElement：book

StartElement：book

ATTRIBUTE：email VALUE：bb@ 123. com

StartElement：title

Characters：information Retrieval

EndElement：title

EndElement：book

EndElement：books

目前针对不同的开发语言如 Java、C++、Perl 等都有不同的 XML 解析器。JDOM 是一种解析 XML 的 Java 工具包，它遵循 DOM 的接口主要规则，并去除了 DOM 中为兼容其他语言而与 Java 语法不同的部分。

使用 JDOM 的前提条件是必须有 SAX、DOM 解析器的类文件，把解压后的 jdom. jar 文件添加到项目的类路径中，另外为了便于调试，还要下载它的源代码。

3. 1. 1. 7　XML 模式的优点

XML 模式主要具有以下几点优点。

（1）它允许各个组织、个人建立适合自己需要的标签集合。这一特征使得 XML 可以在电子商务、政府文档、司法、出版、CAD/CAM、保险机构、厂商和中介组织信息交换等领域中一展身手，针对不同的系统、厂商提供各具特色的独立解决方案。

（2）数据存储格式不受显示格式的制约。一般来说，一篇文档包括三个要素：数据、结构及显示方式。对于 HTML 来说，显示方式内嵌在数据中，这样在创建文本时，要时刻考虑输出格式，如果因为需求不同而需要对同样的内容进行不同风格的显示时，要从头创建一个全新的文档，重复的工作量很大。此外 HTML 缺乏对数据结构的描述，对于应用程序理解文档内容、抽取语义信息都有诸多不便。XML 把文档的三要素独立开来，分别处理。先把显示格式从数据内容中独立出来，再保存在样式单文件（Style Sheet）中，这样如果需要改变文档的显示方式，只要修改样式单文件就行了。

（3）应用于 Internet 上的数据交换，由于 Internet 上存在各种格式的数据，既有结构化数据，也有无结构文本，还有如音频和视频那样的流数据，XML 数据的出现使得可以实现各种格式数据之间的无缝交换，因为其具有数据自描述性和丰富的数据表达能力。

（4）实现更有意义、更准确的搜索，XML 数据的自我数据描述能力使得搜索能够依靠标记和内容之间的依存关系实现更加准确的定位，真正从根本上解决了当前信息搜索的问题。

（5）实现异构、异质系统间的通信，传统的结构化数据库难以适应多系统间异构数据的融合，而 XML 数据由于其自描述性能很好地适应这种数据集成的需要，为未来电子商务的发展创造了良好的软件条件。

由于 XML 具有自描述、灵活的数据结构及丰富的数据表示能力且是 W3C 推荐的标准语言，现已被广泛应用到 Internet 智能信息检索、电子商务中的数据表示、数据集成等。目前，XML 在多个应用领域都有了相关的行业标准，例如，电子商务中的 ebXML、数学领域的标记语言 MathML、化学领域的标记语言 CML、金融行业的 XBRL、描述图形的 SVG、描述地理信息的 GML 等。

3.1.1.8 XML 的应用

（1）MathML（Mathematical Markup Language）用来描述数学符号、记录其结构和内容，在 Web 上实现能像 HTML 处理文本一样，处理数学问题。

MathML 示例：$x^2 + 4x + 4 = 0$

```
<apply>
  <plus>
  <apply>
    <power>
    <ci>x</ci>
     <cn>2</cn>
  </apply>
  <apply>
     <times/>
     <cn>4</cn>
     <ci>x</ci>
  </apply>
  <cn>4</cn>
</appy>
```

（2）SMIL（Synchronized Multimedia Integration Language）基于 XML 的表述多媒体演示的语言，将一组独立的多媒体对象整合为一个多媒体演示。

SMIL 示例：

```
<HTML><HEAD><STYLE>
. time{behavior:url(#default#time);}
</STYLE></HEAD>
<BODY>
  <DIV CLASS ="time"   t:timeline="seq">
  <P class ="time"   t:dur="1">
   This appears for one second and goes away
  </P>
  <P class="time"   t:dur="1">
   This appears after one second, remains visible for one second and goes away
  </P>
  <P class="time"   t:dur="1">
   This appears after two second, remains visible for one secon and goes away
  </P>
</DIV></BODY></HTML>
```

3.1.2　资源描述框架

3.1.2.1　概述

RDF（Resource Description Framework，简称 RDF）通常用来描述元数据以及元数据之间的关系。RDF 是由全球信息网协会（W3C）主导和结合多个元数据团体所发展而成的一个架构，是能够对结构化的元数据进行编码、交换和再利用的基础架构。RDF 的设计目的是能以最低限度的约束，灵活地描述信息。

RDF 的思想是用 Web 标识符（URIs）来标识事物，用简单的属性（特征、性质、关系）及属性值来描述资源。RDF 的数据描述模式而且采用基于 XML 的句法，提供语义、结构、句法三个层次的互操作能力和模块化的互操作能力，有些数据化信息需要不同的元数据描述，RDF 对集成这些元数据非常有用。RDF 可以应用在很多领域中，如在资源发现中，RDF 可以增强搜索引擎语义处理能力；在编目领域中，RDF 可以用来描述某个网站、网页之间或者数字图书馆中的内容及内容之间的关系；采用 RDF 的智能主体（Agent）能够提高机构之间知识共享和交换的能力。

它具有如下特点。

（1）可控制性。RDF 使用“资源-属性-属性值”模型进行资源描述，资源描述方式得到了简化。因此，当资源数量很大时，也很容易控制。这一点对描述网上资源特别重要，目前网上资源越来越多，如果描述资源的元数据格式太复杂，就会降低元数据的使用效率。采用 RDF 模型进行资源描述，可以提高资源检索和管理的效率，更有效地发挥元数据的作用。

（2）可扩展性。RDF 模型的词汇集和资源描述是分开的。RDF 可以使用多种词汇集来描述资源，也允许任何人定义自己的词汇集，它不仅可以携带普通文档的元数据，如 DC 元数据，也可以携带其他类型的元数据，如 MARC 元数据。如果要增加描述资源的属性，只需要在词汇集中增加相应元数据即可。所以，RDF 具有良好的扩展性。如果使用关系数据库，在数据表中增加新字段，就不会这么容易了。

（3）可交换性。RDF 使用 XML 格式作为通用语法，这使各种元数据体系之间的转换成为现实。另外，当使用多种元数据描述资源时，可以运用 RDF Schema 定义不同词汇集的元数据之间的关系。这样，就可以在不同词汇集之间通过指定元数据关系来实现元数据的交换。

（4）可综合性。在 RDF 中，资源的属性和属性值都可以是资源，关于资源的陈述也可以是资源。它们都可以用 RDF 来描述，这样就可以很容易地将多个描述综合起来，产生表面不易观察出来的信息，这将对知识发现技术产生深刻的影响。RDF 不仅可以描述单个资源，也可以将同类的资源集中起来，如某个软件的多个不同下载地址等。

（5）可理解性。RDF 采用了属性和子属性等面向对象的概念，使得资源之间的层次十分清晰，也使得属性的继承关系得到很好的体现，对于对象之间的关系描述十分有效。

3.1.2.2 RDF 的主要元素

RDF 的主要元素是 <RDF> 以及可表示某个资源的 <Description> 元素。

（1）<rdf：RDF> 元素。<rdf：RDF>是 RDF 文档的根元素。它把 XML 文档定义为一个 RDF 文档。它也包含了对 RDF 命名空间的引用：

```
<? xml version=" 1.0"? >
<rdf: RDF
xmlns: rdf=" http: //www. w3. org/1999/02/22-rdf-syntax-ns#" >
  ... Description goes here...
</rdf: RDF>
```

（2）<rdf：Description> 元素。<rdf：Description>元素可通过 about 属性标识一个资源。

<rdf：Description>元素可包含描述资源的那些元素：

```
<? xml version=" 1.0"? >
<rdf: RDF
xmlns: rdf=" http: //www. w3. org/1999/02/22-rdf-syntax-ns#"
xmlns: cd=" http: //www. recshop. fake/cd#" >
<rdf: Description
rdf: about=" http: //www. recshop. fake/cd/Empire Burlesque" >
  <cd: artist>Bob Dylan</cd: artist>
  <cd: country>USA</cd: country>
  <cd: company>Columbia</cd: company>
  <cd: price>10. 90</cd: price>
```

```
  <cd: year>1985</cd: year>
</rdf: Description>
</rdf: RDF>
```

其中 artist、country、company、price 以及 year 这些元素被定义在命名空间 http://www.recshop.fake/cd# 中。此命名空间在 RDF 之外（并非 RDF 的组成部分）。RDF 仅仅定义了这个框架，而 artist、country、company、price 以及 year 这些元素必须被其他人（公司、组织或个人等）进行定义。

（3）属性（Property）来定义属性（Attribute）。属性元素（Property Elements）也可作为属性（Attributes）来被定义（取代元素）：

```
<? xml version=" 1.0"? >
<rdf: RDF
xmlns: rdf=" http://www.w3.org/1999/02/22-rdf-syntax-ns#"
xmlns: cd=" http://www.recshop.fake/cd#" >
<rdf: Description
rdf: about=" http://www.recshop.fake/cd/Empire Burlesque"
cd: artist=" Bob Dylan" cd: country=" USA"
cd: company=" Columbia" cd: price=" 10.90"
cd: year=" 1985" />
</rdf: RDF>
```

3.1.2.3　RDF 容器元素

集合数据模型用于描述资源及其属性值集合的情况，RDF 定义了三种不同类型的集合。RDF 容器用于描述一组事物集合，举个例子，把某本书的作者列在一起。

下面的 RDF 元素用于描述这些的组：<Bag>、<Seq> 以及 <Alt>。

1. <rdf: Bag> 元素

无序序列称为 Bag，它包含一组资源，在无序序列中资源的次序不分先后。Bag 通常用在一个属性有多个值的情况下，而这几个值的先后顺序并不重要，例如通讯录可能包含了许多姓名。Bag 可以不包含值，也可以有多个重复的值。

实例：

```
<? xml version=" 1.0"? >
<rdf: RDF
xmlns: rdf=" http://www.w3.org/1999/02/22-rdf-syntax-ns#"
xmlns: cd=" http://www.recshop.fake/cd#" >
<rdf: Description
rdf: about=" http://www.recshop.fake/cd/Beatles" >
  <cd: artist>
    <rdf: Bag>
      <rdf: li>John</rdf: li>
```

```
      <rdf: li>Paul</rdf: li>
      <rdf: li>George</rdf: li>
      <rdf: li>Ringo</rdf: li>
    </rdf: Bag>
  </cd: artist>
</rdf: Description>
</rdf: RDF>
```

2. <rdf: Seq> 元素

有序序列称为 Sequence，它也包含一组资源。然而，在有序序列里面的资源的顺序是很重要的。在一个属性有多个值并且这些值依赖于资源的顺序时使用有序序列。例如，一本书的作者在一个以上的，可能有必要区分出主要作者、次要作者。有序序列可以不包含值，也可以有多个重复的值。

实例：

```
<? xml version=" 1.0"? >
<rdf: RDF
xmlns: rdf=" http: //www. w3. org/1999/02/22-rdf-syntax-ns#"
xmlns: cd=" http: //www. recshop. fake/cd#" >
<rdf: Description
rdf: about=" http: //www. recshop. fake/cd/Beatles" >
  <cd: artist>
    <rdf: Seq>
      <rdf: li>George</rdf: li>
      <rdf: li>John</rdf: li>
      <rdf: li>Paul</rdf: li>
      <rdf: li>Ringo</rdf: li>
    </rdf: Seq>
  </cd: artist>
</rdf: Description>
</rdf: RDF>
```

3. <rdf: Alt> 元素

可选序列称为 Alternative，可选序列提供属性值的选项。可选序列类似于其他序列包含了一组资源。与无序序列和有序序列的主要差别是可选序列为单个属性提供一套可选值，例如某个软件可能提供许多个下载网址。可选序列所包含的值要在一个以上，而第一个值是预设值。

实例：

```
<? xml version=" 1.0"? >
<rdf: RDF
xmlns: rdf=" http: //www. w3. org/1999/02/22-rdf-syntax-ns#"
```

```
xmlns: cd=" http: //www. recshop. fake/cd#" >
<rdf: Descriptio
rdf: about=" http: //www. recshop. fake/cd/Beatles" >
  <cd: format>
    <rdf: Alt>
      <rdf: li>CD</rdf: li>
      <rdf: li>Record</rdf: li>
      <rdf: li>Tape</rdf: li>
    </rdf: Alt>
  </cd: format>
</rdf: Descriptio>
</rdf: RDF>
```

3.1.2.4　RDF 构成

RDF 由 RDF Data Model、RDF Schema 和 RDF Syntax 三个部分组成。

1. RDF Data Model

RDF 定义了一种通用的数据模型，即 RDF Data Model（RDF 数据模型），通过资源、属性和值来描述特定信息资源。

资源指可由 RDF 所描述的对象，包括 Web 页面上被命名/具有 URI 的信息，如 Web 站点、网页、xml 文档中的元素等，也可以包括非网络上的信息，如印刷书刊等。

属性是指与描述资源有关的特征或关系，属性包括属性类型（Property-Type）和属性值（Property-Value）。每个属性表述相关资源的单个元数据属性。每一个资源都有属性和具有特定意义的属性值，包括资源的外观、特点、性质、与其他资源之间的关系等，一个资源可以有一个或多个不同含义的属性。

陈述是指描述特定资源的语句集合。一个资源描述由多个语句构成，一个语句是由资源、属性类型、属性值构成的三元体，表示资源具有的一个特定属性。与自然语言相比较，资源对应于主语，属性类型对应于谓语，属性值对应于宾语。

其中，属性值可以是一个资源，该资源同样可以有多个属性。另外，也可以将一个语句看作一个资源，该资源再和一个或几个属性相连。这样，RDF 可以通过信息资源的相互链接而不断增大。因此，RDF 数据模型的描述能力是十分强大的，可以描述现实世界任意复杂的信息对象。

2. RDF Schema

RDF Schema 是 RDF 的语义扩展，它使用一种机器可理解的体系来定义描述资源的词汇，提供了描述相关资源以及这些资源之间关系的机制。其基本作用包括：定义资源的属性类、语法、属性值的类型；定义资源类以及属性所应用到的资源类；声明由一些机构定义的元数据标准的属性类。

RDF Schema 提供了核心类（Core Class）、核心属性（Core Attribute）和核心限制

(Core Constraint) 等机制来定义资源的类、属性、资源和资源之间的继承关系等。资源的类（Class）类似于面向对象中“类”的概念，指的是事物的一类。某一类中的一个具体事物称为“实例（Instance）”。在 RDF Schema 中的核心属性有“rdfs：type”“rdfs：subClassof”“rdfs：sccAlso”等。

3. RDF Syntax

RDF Schema 以 XML 为其宿主语言，通过 XML 语法实现对各种元数据的集成。RDF/XML 能够表达由多个陈述语句所组成的 RDF 图（即 RDF 数据模型），其基本思想是将 RDR 图编码为元素、属性、元素内容和属性值。其基本方法是：RDF/XML 使用 XML 限定名（XML QNames）来标识数据模型中谓语结构的 URI 引用（URIreferences，简写为 URIrefs）。限定名有一个命名空间名称，由一个 URI 引用和一个短的本地名称组成。此外，限定名可以有一个短前缀，或者有默认的命名空间声明，再把主语的 URIrefs 写作 XML 属性值（宾语的 URIrefs 有时也可能被写作属性值），字面值（一般是宾语结）则作为原始文本内容或者属性值。

从上述对 RDF 一些基本概念的简要介绍可以看出 RDF 具有如下两个重要的特点。在进行资源描述时，RDF 使用了两种关键技术。

一是 URI。URI 作为 Web 资源的唯一标识，它不但可以标识网页，它还可以标识页面上的元素、书籍、音频、视频等资源。在 RDF 中，资源的属性、属性值，甚至陈述都可以用 URL 标识，再用 RDF 来描述。

二是 XML。RDF 采用 XML 作为交换和处理元数据的通用语法，来建立语义和语法之间的联系，以实现各种不同体系元数据之间的互操作性，这样就可以方便地用 XML 格式来交换 RDF 的数据。

在资源发现中，RDF 可以增强搜索引擎语义处理能力。在编目领域中，RDF 可以用来描述某个网站、网页之间或者数字图书馆中的内容及内容之间的关系。采用 RDF 的智能主体（Agent）能够提高机构之间知识共享和交换的能力。

3.1.2.5　XML 到 RDF 转换

RDF 描述基于 XML 语法，以下通过实例来描述两者之间的转换和关系。XML 语法解析的实例内容为：" Here is data about the Yangtze River. It has a length of 6300 kilometers. Its startingLocation is western China´s Qinghai-Tibet Plateau. Its endingLocation is the East China Sea. "

XML 描述：

```
<? xml version=" 1.0"? >
<River id=" Yangtze" xmlns=" http://www.geodesy.org/river" >
<length> 6300 kilometers </length>
<starting Location> western China´s Qinghai-Tibet Plateau </starting Location>
<endingLocation> East China Sea </endingLocation>
</River>
```

将其转换为 RDF 描述为：

```
<? xml version=" 1.0"? >
<Riverrdf: ID=" Yangtze"
xmlns: rdf=" http: //www. w3. org/1999/02/22-rdf-syntax-ns#"
xmlns=" http: //www. geodesy. org/river#" >
<length> 6300 kilometers </length>
<starting Location> western China´s Qinghai-Tibet Plateau </starting Location>
<ending Location>East China Sea</ending Location>
</River>
```

3.2　数字内容标引

3.2.1　数字内容组织方法

对于提取的元数据信息进行编目等组织管理是数字内容组织的一部分。数字内容的组织是指利用一定的规则、方法和技术对数字内容的外部特征和内容特征进行揭示和描述，并按给定的规则排序，使数字内容从无序集合转换为有序集合的过程。

常用的数字内容组织方法主要有分类组织法、主题组织法和集成组织法三个大类。

1. 分类组织法

类是具有某种共同属性的个别事物的集合。分类是指以事物的本质属性或其它显著特征作为依据，把各种事物集合成类的过程。例如文献分类，以文献分类法为工具，根据文献所反映的学科知识内容与其他显著属性特征，分门别类地、系统地组织和揭示文献。

典型的代表有杜威十进分类法、中国图书馆分类法。

杜威十进分类法（DDC-Dewey Decimal classification）：是世界上流传最广影响最大的一部分类法，在美国有 95%的公共图书馆在使用 DDC。这种分类法平均 6 年修订一次，它的修订原则有二条：一是保持分类号的连续性和完整性，二是与知识发展保持同步。

中国图书馆分类法：分成以下 5 个基本部类，基本部类是对人类全部知识作最概括的划分。

马列毛邓	A
哲学宗教	B
社会科学	C-K（9）
自然科学	N-X（10）
综合性图书	Z

22 个字母表示 22 个大类，字母的排序反映大类序列，表 3-1 为图书类目表。二级类目以下用数字表示（但有一个类例外）。

表 3-1 **图书类目表**

A 马列、毛泽东思想、邓小平理论	N 自然科学总论
B 哲学、宗教	O 数理科学和化学
C 社会科学总论	P 天文学、地球科学
D 政治、法律	Q 生物科学
E 军事	R 医药、卫生
F 经济	S 农业科学
G 文化、科学、教育、体育	T 工业技术
H 语言、文字	U 交通运输
I 文学	V 航空、航天
J 艺术	X 环境科学、安全科学
K 历史、地理	Z 综合性图书

采用等级列举表达从属关系，上位类目与下位类目的关系：上位类目一定能包含其各个下位类目，而下位类目一定带有上位类目的属性。分类号越长，表示的学科范围越窄。为了清楚醒目，通常在分类号的每三位数字后，隔以“.”，如：F279.712，H319.4，F713.32/40（2D）（第二版）。

2. 主题组织法

主题主要是指信息资源论述的对象，包括事物、问题、现象等。主题词是指经过选择，用来表达信息资源主题的词语。主题法是以语言为基础，用表达概念的词或词组来揭示文献内容的一种方法。

主题法特点：从主题概念入手，具体准确。把主题词按照一种便于检索的方式编排起来，就是主题词表。

3. 关键词法

关键词是从文本的题目、正文或摘要中抽出的能表征文本主题内容的具有实质意义的词语。除了某些自由词（如冠词、副词、介词等），几乎所有具有实际意义的信息单元都能作为关键词。关键词法是将描述主题内容的关键词抽出，不作或稍作规范处理，按字顺排列提供检索的方法。

3.2.2 自动标引

在组织元数据基础上，对组织内容进行标引和索引。标引是指对文本进行主题分析，从自然语言转换成规范化的检索语言的过程。具体而言就是在主题分析的基础上，以一定的词表或标引规则作为依据，将信息资源中具有检索意义的特征转换成相应的规范词，并将其组织成表达信息资源内容特征的标识的过程。其实质是按文献的内容特征对其进行主题分析与用词转换。自动标引是标引的重要类别，是基于文本的信息检索和查询的重要手段和过程。

1. 自动标引的概念

自动标引（Automatic Indexing），又称计算机辅助标引（Computer Aided Indexing），是根据文献内容，依靠计算机系统全部或部分地自动给出标引符号的过程。换句话说，就是利用计算机系统模仿人的标引活动并自动生成情报检索所需的索引符号的过程。

2. 自动标引的意义

美国的 Cleverton 曾做过一些试验：两组人员为同一主题编出的叙词表中词的同一率仅 60%；两位有经验的标引员用同一叙词表对同一篇文献进行标引，其标引词的同一率仅有 30%左右；两个在同一数据库中用同一检索系统检索同一问题的用户，检索出的结果同一率仅 40%；两位科研人员根据同一提问判断一组指定文献的相关性，其同一率不会超过 60%。

自动标引不受标引人员状态和情绪的影响，稳定性好。美国学者伦兹做过两个试验，6 名标引人员在不同时间标引同一文献，一致率为 15.8%；由同一标引人员在不同时间标引同一文献，一致率为 16.19%。采用计算机自动标引，无论何时对同一篇文献总能标引出相同的主题词。

美国学者 Salton 对受控人工标引系统 MEDLARS 和自动标引系统 SMART 做了一些比较，结论是：相对简单的自动文本分析系统在文献检索环境中产生的检索结果，其质量不亚于受控标引通常所能达到的水平。

自动标引的重要意义体现在以下几方面。

（1）适应信息资源快速增长的需要。信息资源的快速增长，造成信息相对过剩。只有提高信息组织的效率，才能摆脱信息相对过剩带来的困惑，因此信息标引显得非常重要，而自动标引适应了这一需要。

（2）相对手工标引存在很大优势，克服了手工标引难以克服的缺点。与熟练标引人员相比，自动标引的准确性不如手工标引，但在其他指标方面自动标引具有无可比拟的优势：处理能力强、处理速度快、成本低、一致性好、稳定性好。

3. 自动标引方法

目前研究的自动标引方法很多，较典型的汉语自动标引方法包括：词典标引法、切分标引法、语法分析标引法、汉语自动标引专家系统、单汉字标引法等。根据自动标引采用的理论划分，自动标引的方法主要有 3 种：统计法、语言法、人工智能法。

（1）统计法（Statistical Approach）。其是自动标引各种方法中历史最长的一种，也是目前较为成熟的一种方法。典型代表有：词频加权方法，根据词的出现频率及出现位置等因素确定标引词。1948 年美国哈佛大学的语言学教授 G. K. 齐普夫（齐夫）收集了大量的统计材料，试图证明自然语言词汇的分布服从一个简单的定律，他称这一定律为“省力法则”，即词汇在文献中出现频次的分布规律。该定律指出文章中单词的频次（f）与其排列等级的序号（r）之间存在着下述定量的关系，$f \times r = C$（C 为一个常数）。齐夫对口语的研究中指出，口语交谈中，说话者只用一个词表达一个概念最省力，听者也是对每个概念用一个词来理解最省力。因此口语交谈中应遵循省力法则，这就是传播学中著名的“齐夫定律”。语言力求准确简洁，少用意义模糊或文学气太浓的语句。

（2）语言法（Linguistic Approach）。通过对构成文献的自然语言的分析，利用一定算法产生标引词，是从语言学角度对自动标引方法的探索。包括两种方法：句法分析、语义分析。

句法分析是从语法角度上确定句子中每个词的作用（如是主语还是谓语）和词之间的相互关系（如是修饰还是被修饰）而实现的。它包括浅层句法分析和深层句法分析两种。浅层句法分析只限于把句子解析成短语，而不揭示这些短语之间的句法关系。深层句法分析则着眼于充分地展示整个句子的特点。从理论上讲，只有名词或名词词组才能充当标引词，因此，最简单的句法分析可以是只标识句子中具有名词特性的词或短语。句法分析一般通过与事先准备好的解析规则或语法词典比较而实现。经验证明，这一自动标引方法从整体上讲效果欠佳。另外，如果被标引对象是文献标题而不是文摘或正文，句法分析更难显示其魅力，因为文献标题极少以规范的整句形式出现。还有，句法分析本身难以消除词义的模糊性，为此，自动标引研究领域的著名人物萨尔顿指出，所有句法分析必须辅之以语义分析，方能保证自动标引的准确性。

语义分析是分析词在特定的上下文中的确切含义。语义分析主要采用以下几种方法。

①实义词标准化。实义词标准化严格地说是从词形上对关键词进行标准化，这包括去前缀、去后缀、保留词干等做法，一般通过相应的词典实现。

②对照词表。对照词表，即把实义词与词表中经过规范化的词进行比较，以消除异义和解决反义词等问题。

③统计分类法。该法借助于前面介绍的数值分类法聚集意义相同或相近的词，最后达到准确判断词义的目的。

（3）人工智能法（Artificial Intelligence Approach，AI Approach）。让计算机从事标引工作中的脑力劳动，即让计算机模拟标引员完成标引文献的工作。目前该方法已成为自动标引领域的热点问题，人工神经网络、遗传算法等方法的发展给自动标引增添了不少动力。不少学者认为，人工智能法代表着自动标引研究的未来。

专家系统是人工智能法应用于自动标引领域的具体体现。专家系统依靠人工智能的知识工程技术，把特定领域专家们的知识和经验等以计算机程序的形式建成知识库（Knowledge Base），供他人在解决相应问题时借鉴和利用。所以，专家系统又名知识库系统（Konwledge-based Sysetm）。知识库中的知识表达（Knowledge Representation）形式主要有以下三种。

①生成规则型（Production Rule）。生成规则可简称为规则，它们通常以“如果……那么……”（IF…THEN…）的形式出现。规则的前半部分表示条件、前提、情况等，规则的后半部分则列出结论、后果、行动等。例如：如果“专家系统”和“知识库系统”同时出现在文献中，那么使用“专家系统”作为标引词。另外，规则的前后部分都可以复合或嵌套。

② 语义网型（Semantic Network）。这种知识表达形式试图再现不同概念在人脑记忆

中的关系，每个概念在语义网中以一个节点（node）表示，而概念之间的关系则通过指（Pointer）体现，如图 3-3 所示。

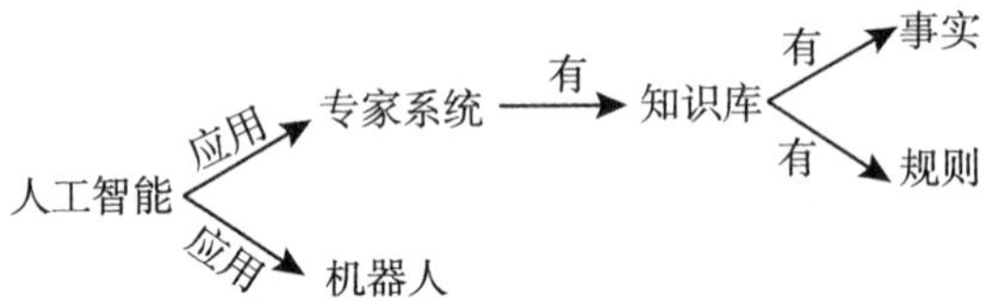

图 3-3　语义网节点关系

在此，“人工智能”“专家系统”“机器人”等都是语义网中的节点。和生成规则型相比，语义网型的长处在于它能表达复杂的具有等级关系的概念。因此，它对以叙词表为标引依据的标引实践较为适用。还有，语义网型能自然地显示概念之间的继承关系，这可节省建立知识库的人力和物力。如在上例中，我们不必专门用指针直接连接“人工智能”和“知识库”这两个概念，以表示人工智能在实际应用中可通过知识库实现，因为“知识库”可从“专家系统”处得以继承。

③场景型（Frame）。场景型类似于电影等艺术表现形式中的一个特写或定格，它用文字描述特定场景中的各个组成部分以及它们之间的相互关系。人工智能术语称场景中的组成部分为槽（Slot），槽又进一步细分为槽名和槽值。因为描述场景的文字相当于电影等的剧本，所以，场景型又被称为剧本型（Script）。下面以教室为例说明场景型这一知识表达方式。

教室场景

景物：黑板、桌子、椅子

人物：教师、学生

活动：讲课、听课、讨论

在上述场景中，景物、人物等属于槽名，黑板、教师等是槽值。场景型与语义网型一样，它们的深层推理（Reasoning）能力（如抽象和类比）强于生成规则型，故而有人认为场景型是一种极有希望和生命力的知识表达形式。

人工智能以专家系统的形式在其他领域成功应用的例子不胜枚举。但是，在自动标引领域中，人工智能法尚处于起步阶段。下面概述一下在文献中有比较详细介绍的两个标引专家系统，一个是美国国家医学图书馆筹建的医学标引专家系统（Medieal Indexing Expert System），简称 MedlndEx。另一个标引专家系统也在美国，简称为 JAKS。

MedlndEx 的前身是标引辅助（专家）系统（Indexing Aid（Expert）System）。MedlndEx 系统的知识库由与标引有关的医学事实、MADLARS（Medical Literature Analysis & Retrieval System）标引手册和带有注释的 MeSH（Medical Subject Headings）组成，采用场景型知识表达方式。

MedlndEx 主要有两个功能：一是通过人机界面提示标引员根据 Me-SH 可往计算机屏

幕上显示的标引场景的槽值处填入什么；二是当标引员把选择好的槽值（即标题词）输入计算机后，MedlndEx会提示与之相应的标题词与副标题词，供标引员进一步选择。MedlndEx在这种人机双向交流的过程中，帮助标引员选择标引词和运用标引规则，进而达到专家标引（即具有专家标引效果）的目的。

JULLS（The Joint Universal Lessons Learned System）是美国有关部门建立的用于存储、分类和检索文献资料的系统。该系统专门收集从军事演习和军事行动中获得的与案例有关的书面记录材料，每份材料的长度为200—800字不等。JULLS适用专为其设计的自动抽取关键词系统（JULLS Automated Keywording System，简称JAKS）标引文献。JAKS包括“插入”（Insertion）和“删除”（Deletion）两种规则。插入规则的设立依据是文献中某些词语的出现隐含着或使人联想起另一些词语，例如，文献中若出现“时间”“高空”“目标”等词语，则意味着“空中战争”一词隐含其中。设立删除规则的目的是消除文献中语义模糊的词语。但是删除规则实际上并不真正地把词语从文献中删除掉，而只是排除这些语义含糊的词被选作标引词的可能。在此意义上，删除规则相当于其他自动标引法中经常使用的“停止词表”。例如，若“报告”一词在文献中具有向上级反映情况的含义，则可充当标引词，反之，如果该词在文献中多次出现且没有上述含义，那该词应被“删除”。用JAKS标引文献时，先采用删除规则，后利用插入规则。其中，插入规则可反复使用，直至不适用为止。根据设计者自己的评价，JAKS的标引速度和标引效果都令人满意。

尽管采用人工智能法进行自动标引比在相同的领域中运用其他方法（如统计法）要难，但人工智能法是从标引员的角度去了解标引过程和模拟标引员的标引行为，这比以被标引文献为出发点的种种自动标引方法更有希望获得理想的标引效果。

3.3 数字内容索引与归档

3.3.1 索引的定义及方法

1. 索引的定义

索引是存储在物理介质上的数据结构，使用者可以根据需要进行定义，当搜索数据时，索引能够提供对数据的快速访问。例如，在一个没有进行任何管理的图书馆中索取一份自己想要的资料，在一个没有字母索引的字典里查找生字等，是一种毫无方向漫无边际的检索，而索引技术提供了一种能加快定位速度的有效方法。

如日常生活遇到的词典中的索引，文献中的词条索引，以及书籍目录等常见索引中就包括了计算机索引结构的基本原理。索引的基本构成是索引项，一个索引项中有关键词值和指针，通过指针就可找到含有此关键词值的记录，多个索引项就构成了一个索引。索引本身也是一个文件，当索引很大时，也可将其分块，建立高一层的索引，如此继续下去，直到最高级索引不超过一个块时为止，这样就得到了一个多级索引结构。索引通常置于磁盘或内存，内存中一般只存放最高级索引。一旦对一个大型数据文件建立了索引而形成了索引文件，则不论是对随机查找，还是对顺序查找都是方便的。

能否快速地检索信息是数据库性能高低的一个主要的标志。随着数据库技术的应用发展，索引树对数据库有着重要意义。索引树主要有：二叉查找树，平衡二叉查找树等。这些都是典型的二叉索引树结构，其查找的时间复杂度与树的深度相关，那么降低树的深度自然会提高查找效率。

大规模数据存储中，树节点存储的元素数量是有限的（如果元素数量非常多的话，查找就退化成节点内部的线性查找了），这样导致二叉查找树结构由于树的深度过大而造成磁盘 I/O 读写过于频繁，进而导致查询效率低下，为了减少树的深度，可以采用多叉树结构（由于树节点元素数量是有限的，自然该节点的子树数量也就是有限的）。

多路查找树是典型的多叉树结构。根据平衡二叉树的启发，建立平衡多路查找树结构，也就是 B 树，即 B 树结构。

2. B 树。

（1）B 树的定义。B 树是为了磁盘或其他存储设备而设计的一种多叉（相对于二叉，B 树每个内结点有多个分支，即多叉）平衡查找树。如图 3-4 所示，即是一棵 B 树，一棵关键字为英语中辅音字母的 B 树，现在要从树中查找字母 R（包含 $n[x]$ 个关键字的内结点 x，x 有 $n[x]+1$）个子女（也就是说，一个内节点 x 若含有 $n[x]$ 个关键字，那么 x 将含有 $n[x]+1$ 个子女）。所有的叶节点都处于相同的深度，带阴影的节点为查找字母 R 时要检查的节点）。

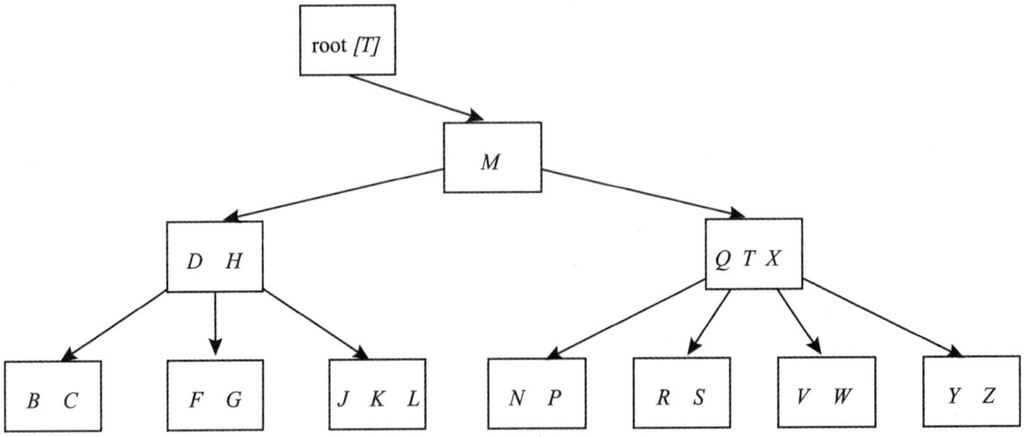

图 3-4　B 树实例图

一个内节点 x 若含有 $n[x]$ 个关键字，那么 x 将含有 $n[x]+1$ 个子女。如含有 2 个关键字 D、H 的内节点有 3 个子女，而含有 3 个关键字 Q、T、X 的内节点有 4 个子女。

一棵 B 树 T 是具有如下性质的有根树（根为 root［T］）。

①每个叶子的深度相同，即树的高度 h。

②每一个节点能包含的关键字数有一个上界和下界，可以用一个称作 B 树的最小度数的整数 t 表示。

③每个非根的节点必须至少有 $t-1$ 个关键字。每个非根的内节点至少有 t 个子女。如果树非空，则根节点至少包含一个关键字。

④每个节点可包含至多 $2t-1$ 个关键字，所以一个内节点至多可以有 $2t$ 个子女。如果一个节点恰好有 $2t-1$ 个关键字，则可以称这个节点是“满”的。

（2）B 树的高度 h。B 树上大部分操作所需的磁盘存取次数与 B 树的高度成正比。下面来分析 B 树的最坏情况高度。

包含 n 个关键字，最小度数为 t，高度为 h 的 B 树 T，以下对高度的限制成立：

$$h \leqslant \log_t \frac{n+1}{2} \tag{3-1}$$

如果一棵 B 树的高度为 h，其根节点包含至少一个关键字而其他节点包含至少 t-1 个关键字。这样，在深度 1 至少有两个节点，在深度 2 至少有 $2t$ 个节点，在深度 3 上至少有 $2t^2$个节点，直到深度 h 至少有 $2t^{h-1}$个节点。图 3-5 给出了 $h=3$ 时的一棵树。因此，关键字的个数 n 满足下列不等式：

$$n \geqslant 1 + (t-1)\sum_{i=1}^{h} 2t^{i-1} = 2t^h - 1 \tag{3-2}$$

（3）B 树查找的基本思想

①从树的根节点 T 开始，在节点中利用遍历或折半查找给定的值，如果找到，则返回节点指针和在节点中的位置；如果没有，则到下一步。

②与节点中的 Key 进行比较，找到给定值左右 Key 中间的指针，去其子树中查找。

③ 重复执行上两步，直到找到。如果直到叶子节点，仍未找到，则返回 0，并返回最后搜索的叶子节点。

图 3-5 为 B 树查找的基本流程图。

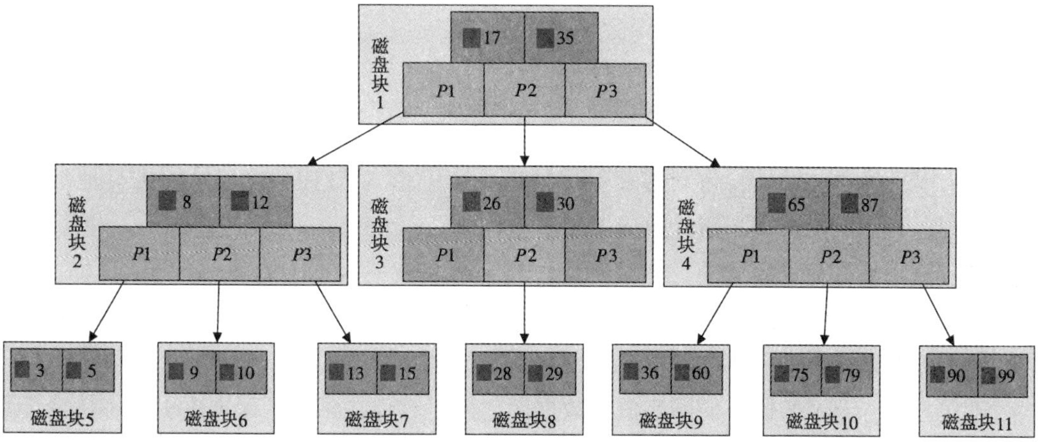

图 3-5 B 树查找的基本流程

3. B+树

B+树是应文件系统所需而产生的一种 B 树的变形树。

一棵 m 阶的 B+树和 m 阶的 B 树的异同点在于：

①有 n 棵子树的节点中含有 $n-1$ 个关键字。

②所有的叶子节点中包含了全部关键字的信息及指向含有这些关键字记录的指针，且叶子结点本身依关键字的大小自小而大的顺序链接（而 B 树的叶子节点并没有包括全部需要查找的信息）

③所有的非终端节点可以看成是索引部分，结点中仅含有其子树根节点中最大（或最小）关键字（而 B 树的非终节点也包含需要查找的有效信息）。图 3-6 为一棵高度为 3 的 B+树。

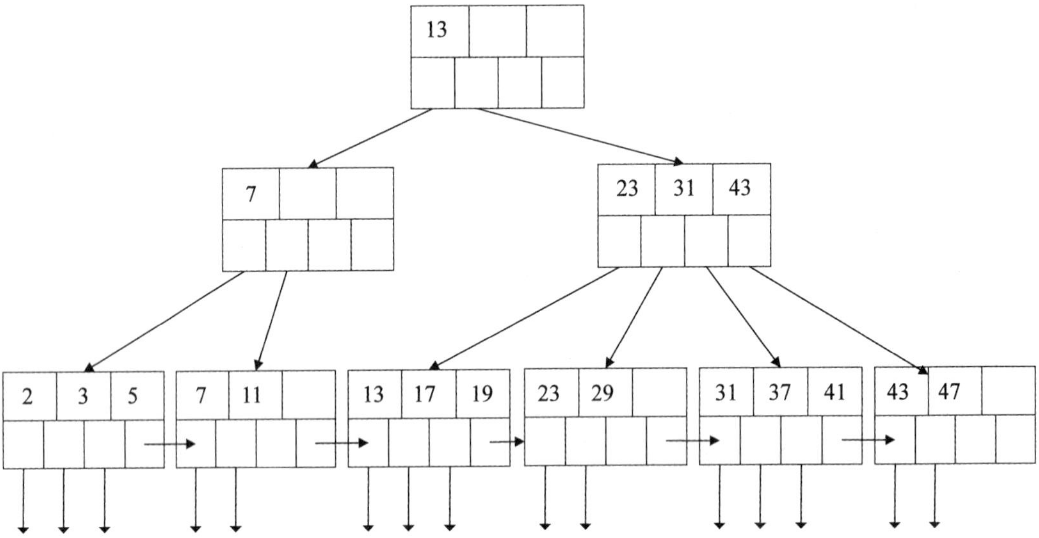

图 3-6　高度为 3 的 B+树实例

4. 索引文件

记录本身的主文件外，还利用索引法列出一个键值 K 与其对应记录的磁盘地址的索引表，即索引是由关键字和指针组成的索引项构成。

（1）索引非顺序文件。

定义：索引表中顺序列出所有可能的键值（稠密索引），利用二分查找法查找所需键值，得到所需记录地址。该方法存取快，且无需记录顺序排列。

建立方法：记录按输入的顺序放入数据区，同时软件在索引区建立索引表，待全部数据输完后，软件自动将索引表排序，如图 3-7 所示。

索引非顺序文件的缺点为排序费事、文件大时索引速度较慢，可以通过建立多级索引解决该问题，如图 3-8 所示。

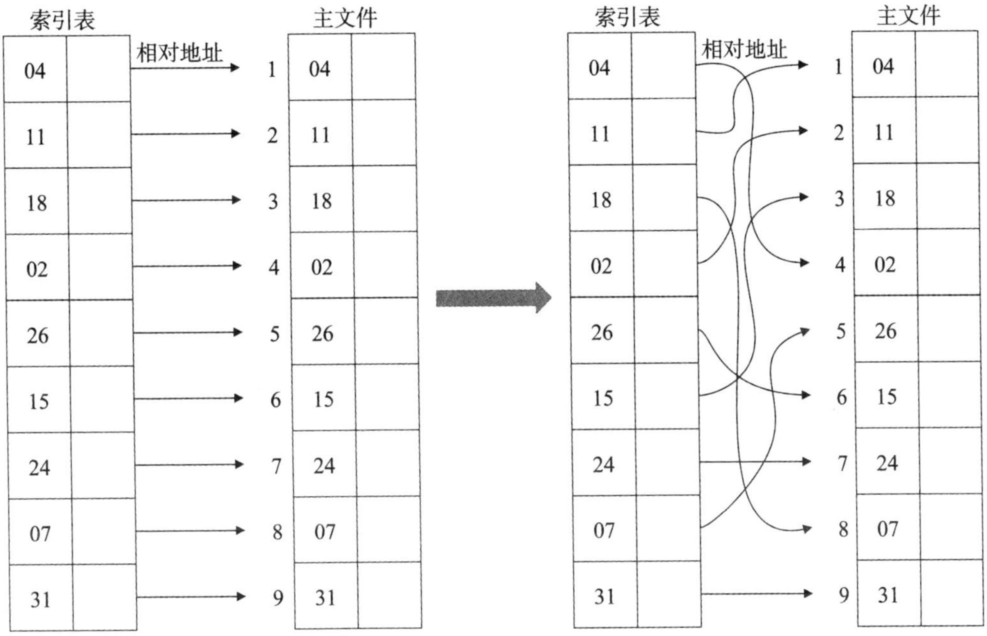

图 3-7 索引排序

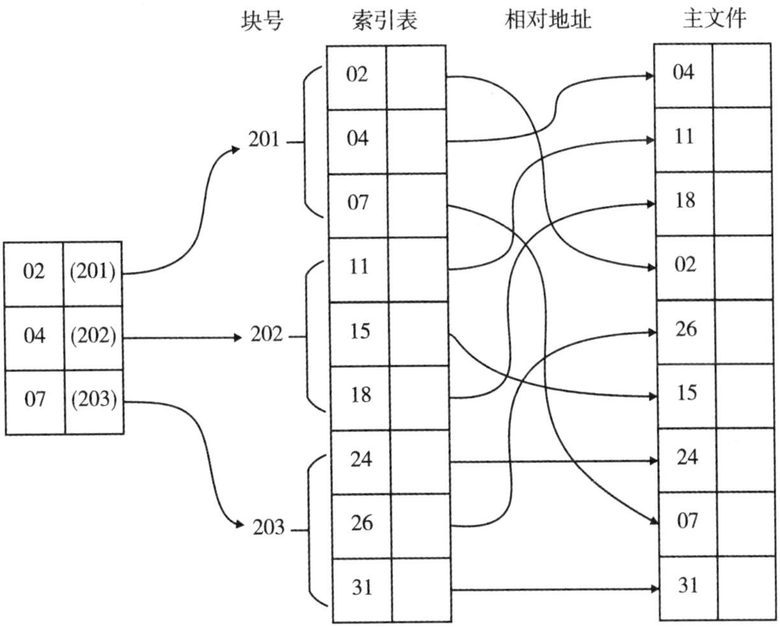

图 3-8 多级索引示例

(2) 索引顺序文件。

定义：是一种按照逻辑键值排序的索引文件，是用嵌入索引的手段把顺序文件予以扩

充，以加速查找。记录的物理顺序与索引中键值的顺序是一致的。(采用稀疏索引)

建立方法：数据按顺序分块存放（块间相临），记录每块的最后记录键值及块的首地址形成索引表。

其索引机制如图 3-9 所示。

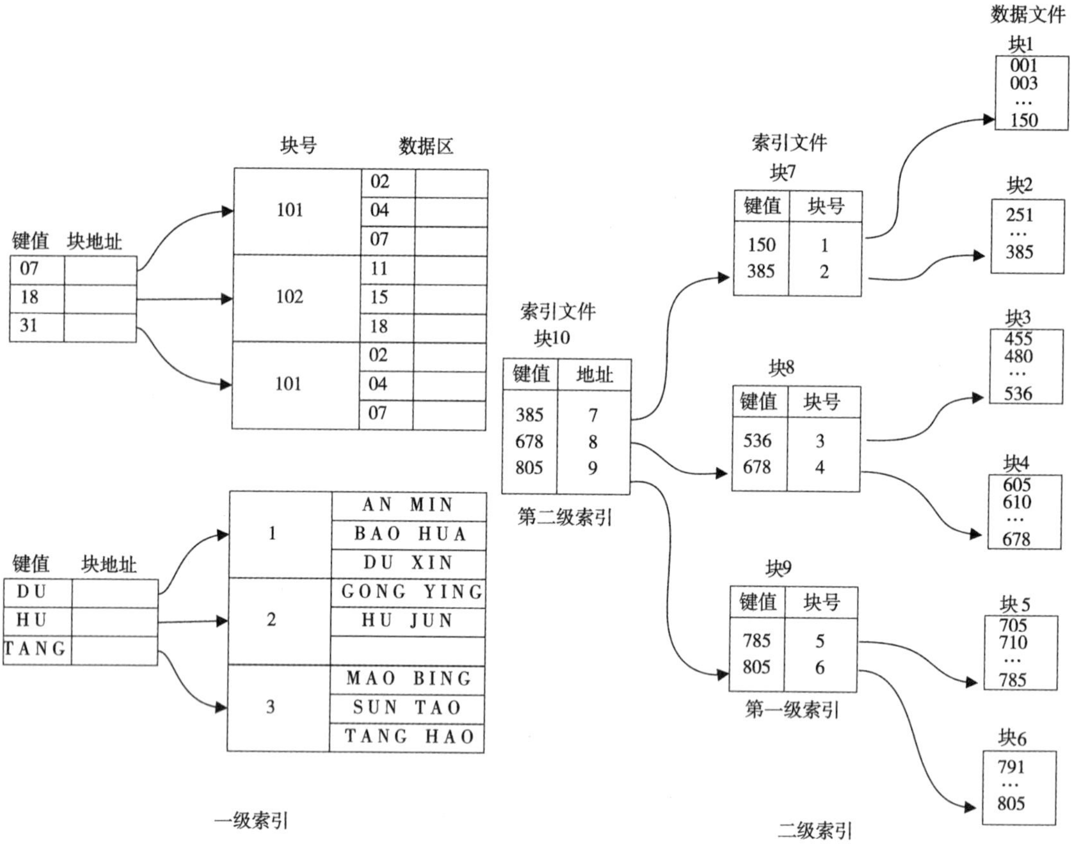

图 3-9　索引机制

3.3.2　数字内容归档

归档，即有序的整理和存储，归档分为逻辑归档和物理归档。逻辑归档是不改变原存储方式和位置而实现的将记录数字内容的文件或属性进行整理和移交的过程。物理归档是记录数字内容的文件的存储介质进行整理和移交的过程。

思考题

1. XML 相对于其他的标记语言具有哪些优势？

2. 资源描述框架如何定义？其作用是什么？
3. 数字出版元数据可以通过什么方式进行转换？
4. 什么是索引？自动标引的典型方法包括哪些？
5. 索引的作用是什么？

第 4 章　数字内容检索

数字内容检索是数字内容管理的重要环节，直接影响信息输出和发布。本章首先通过介绍信息检索的基本概念，引出了数字内容检索方法；其次，详尽介绍数字内容检索的三种方法——基于文本、内容、语义的检索方法；再次，阐述数字内容检索的交互操作；最后，介绍数字内容检索的应用。

4.1　信息检索

4.1.1　信息检索概述

“信息检索”一词最早出现于 1950 年，由美国计算机学家穆尔斯（Calvin N. Mooers）提出。他认为，信息检索可以被看作一种“延时性通信形式”。后来，很多信息学家都从不同的角度提出了信息检索的定义，基本上认同信息检索是信息用户为解决各种问题而查找、识别、获取相关事实、数据、知识的过程。

信息检索的概念有广义和狭义之分。广义的信息检索是指将信息按一定的方式组织和存储起来，并根据用户的需要找出相关信息的过程，包括信息的存储和检索两个过程，因此全称又叫作“信息存储与检索”。狭义的信息检索是指从某一信息集合中找出所需信息的过程，相当于人们通常所说的“信息查询”或“信息查找”，仅有信息的检索过程。

4.1.2　信息检索的原理

信息检索的原理是指对大量的、分散无序的信息进行搜集、加工、组织、存储并建立检索系统，通过一定的方法使检索提问特征与存储在检索工具或数据库中的信息存储特征进行匹配，如果一致，即为匹配，然后提取符合的信息的检索过程，如图 4-1 所示。

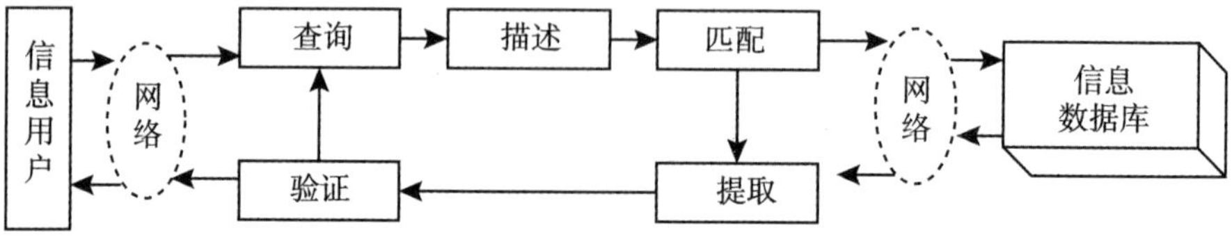

图 4-1　信息检索的原理

由信息检索原理可知，信息的存储是实现信息检索的基础，这里要存储的信息不仅包括原始文档数据，还包括图片、视频和音频等。首先要将这些原始信息进行计算机语言的转换，并将其存储在数据库中，否则无法进行机器识别。待用户根据意图输入查询请求后，检索系统根据用户的查询请求在数据库中搜索与查询相关的信息，通过一定的匹配机制计算出信息的相似度大小，并按从大到小的顺序将信息转换输出。图 4-2 是信息检索的一致性匹配作用机理。

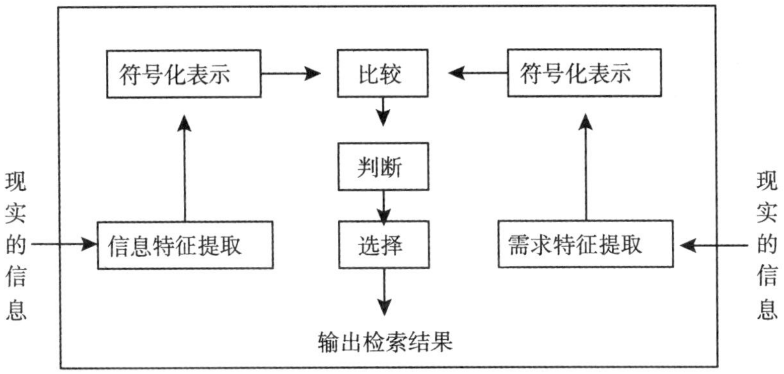

图 4-2 信息检索的一致性匹配作用机理

信息检索的一致性匹配作用机理包括以下几个方面。

（1）提取机理。从现实的信息和现实的需求中提取出能够揭示特定信息和特定需求的语法特征和语义特征。这些特征可以归纳成内容（内部）特征和形式（外部）特征，前者包括特定信息和特定需求的类别（如学科、专业）和主题等；后者包括信息和需求的名称（题名）、作者（责任者）、时间、编号等。

（2）表示机理。用适当的符号表示信息和需求的各种特征。符号是广义的，可以是文字、数字和符号，也可以是图形、图像、视频或音频。比如，用分类号表示信息和需求的类别，用关键词表示信息和需求的主题。

（3）比较机理。在检索项类型（如题名、作者、分类、关键词）相同的情况下，对代表特定信息的特征符号与代表特定需求的特征符号进行对比。比较的实质是相似性比较或一致性比较，即包括完全一致、部分一致和不一致，也包括等于、不等于、大于、小于。比如，对于两个词或词组来说，它们可以是完全一致、前方一致、后方一致、中间一致；对于两个编号来说，它们可以是相等、大于、小于。

（4）判断机理。在比较的基础上，对信息是否符合需求以及符合的程度加以判断。两者相符合的信息被检索出来（命中），不相符合的信息被拒绝（未命中）。从符合程度来看，可以是完全符合，也可以是部分符合。在部分符合中，还可以进一步细化。原则上，尽管它们符合的程度有所不同，凡是符合特定检索所规定的比较条件和一致条件的信息，都应该是符合需求的。

（5）选择机理。对于检索出来的结果，按照一定的标准加以选择，带有推荐优先或着重使用的意义。选择的实质就是排序，排序有多种标准和方法，如相关度、权值之和

(加权检索)、时间(新颖性)、重要作者或单位等。

信息检索的一致性匹配作用机理的实质是检索得到的信息和现实的需求之间的匹配。把内容与形式复杂的信息简约成信息特征的符号化表示，再把内容与形式复杂的需求也简约成需求特征的符号化表示，将这两个符号化特征表示进行比较、判断和选择，从而变复杂为简单，化模糊为清晰，大大提高了匹配效率。但是，这种简化也会带来一些弊病，造成误检和漏检。如何解决和避免这些问题，已经成为信息检索领域的重要研究内容。

4.1.3　信息检索的类型

信息检索的类型有多种划分方式，如按信息检索的对象和目的划分、按信息检索方式划分以及按信息组织的方式划分等。其中，按信息检索的对象和目的的划分是常用的划分方法。

按信息检索的对象和目的划分，可将信息检索分为数据检索、书目检索、全文检索、多媒体检索和事实检索五种类型。

(1) 数据检索是从存储大量数据、图表的检索系统中获取数值型信息的一种检索类型。检索的结果是经过评测、评价过的各种数据，可直接用于比较分析和定量分析。

(2) 书目检索是从存储标题项、作者项、出版项、文摘项等著录信息的系统中获取标题、作者、摘要、出处、专利号、收藏处等相关资源线索的一种检索类型。检索结果不直接解答用户提出的问题，只提供与之相关的线索以供参考，这是一种间接检索方式。

(3) 全文检索是从存储整本著作、整篇论文、专利说明书乃至网页的检索系统中获取全文信息的一种检索类型。它是在书目检索的基础上，更深层次的内容检索，是一种直接检索方式。

(4) 多媒体检索是从存储多媒体文件的检索系统中获取多媒体信息的一种检索方式。它是随着计算机技术的发展而产生的新的检索类型，检索结果是以多媒体形式来反映特定信息的，如文字、图像、音频、视频等。

(5) 事实检索是从存储大量知识信息、事实信息和数据信息的检索系统中获取某一事物发生的时间、地点及过程的检索。这种检索一般需要从系统中检索出所需信息后，再加以逻辑推理给出结论，是一种高级检索形式。

按信息组织的方式划分，可将信息检索划分为文本检索和多媒体检索。按信息检索方式划分，可将信息检索划分为手工检索和计算机检索。当前，主要的信息检索方式是计算机检索，后面章节提到的信息检索都指的便是计算机检索。

数字内容类型十分多样，最基本的类型包括四种：文本、图像、音频和视频，多媒体是以上四种基本内容形式的组合。所以，数字内容的检索也可以分为四种类型：文本检索、图像检索、音频检索和视频检索。这四种类型的检索内涵、方式、方法和技术各不相同，分别适用于不同的应用领域，如文本检索是最常见的检索方式，在很多数字出版物检索系统中都有文本检索。

图像检索、音频检索和视频检索与文本检索密切相关。早期时候的图像检索、音频检索和视频检索都是借助文本检索实现的。也就是说，针对图像、音频和视频的检索，并不是对图像、音频和视频内容进行直接检索，而是对这些图像、音频和视频的文本信息，即元数据信息进行检索。这些数字内容的元数据信息都是文本，所以对这些数字内容的检索是一种间接的检索。

随着信息处理技术的发展，基于内容的信息检索技术逐步成为主流，成为基于文本检索的有效补充。基于内容检索指对多媒体对象的内容及上下文语义环境进行检索。如对图像中的颜色、纹理，或视频中的场景、片段进行分析和特征提取，并基于这些特征进行相似性匹配。目前，很多公司都已开发出针对图像、音频和视频内容的直接检索系统，并在实际应用中取得了很好的效果。近年来，随着计算机硬件的快速更新，深度学习技术得到了迅速的发展，在信息检索领域展现了卓越的性能。深度学习通过构建多层网络，提取多媒体信息的高层语义信息，具有良好的泛化性和强大的自学习能力。

下面将重点介绍常见的数字内容检索方法。

4.2 数字内容检索方法

4.2.1 图像检索技术

随着计算机软件和硬件技术，尤其是多媒体技术与 Internet 互联网通信技术的快速发展，数字图像资源不断增加，当今社会各行各业对数字图像资源的需求也越来越广泛。与以往不同，如今人们所面临的最直接的一个问题不再是缺失数字图像资源，而是在浩如烟海的数字图像资源里，如何快速准确地搜索到自己想要的图像信息。

目前，存在的图像检索方法大致分为三种：基于文本的图像检索（TBIR，Text-Based Image Retrieval）、基于内容的图像检索（CBIR，Content-Based Image Retrieval）以及基于语义的图像检索（SBIR，Semantic-Based Image Retrieval）。

4.2.1.1 基于文本的图像检索

基于文本的图像检索技术始于 20 世纪 70 年代末，数字图像数据刚刚得以普及，同时图像数据集规模并不太大。这种技术是用文本或者关键字对数据库中存储的对象——图像进行描述，在图像的存储路径和图像的关键词之间建立对应联系。在检索的过程中，基于文本的图像检索方式试图将已经发展得较为成熟的传统信息检索中的文本检索技术直接移植到图像数据检索上，从而将图像的检索问题转化为对图像所包含关键字的查找问题。本质上，这种检索方式是传统的文本检索技术。

基于文本的图像检索是从图像名称、图像尺寸、压缩类型、作者及年代等元数据描述方面标引图像。一般以关键词形式的提问查询图像，或者是根据等级目录的形式浏览查找特定类目下的图像，如 Getty AAT（www.getty.edu/research/conducting_research/vocabularies/aat/）使用了超过 13 万个术语来描述艺术、艺术史、建筑以及其他文化方面的对象，并推出了超过 30 个等级目录，从 7 个方面描述图像的概念、物理属性、类型和刊号等。而 Goraph（cn.gograph.com/）将图像分为动态图像、照片、图标、插图、背景、艺术剪辑图、壁纸、界面以及成套图像 8 个一级类，各类下设数量不等的子类。在图像数字化之前，档案管理、图书管理等都是以这种方式对图像进行组织和管理的。

现阶段，基于文本的图像检索技术已经发展成为一项较为成熟的技术。由于其在技术层面上对数字图像处理的要求不是太高，检索过程相对简单，易于操作，容易实现，像百度、搜狐、雅虎、Google 等绝大部分商业应用图像搜索引擎主要都在采用这种搜索方式。

正如前文所述，基于文本的图像检索是建立在预先由专业的人员对新加入图像数据库中的图像逐一进行文本标注的基础之上的，然后才能根据用户输入的关键字对数据库中所包含的图像进行基于关键字的查找。具体而言，基于文本的图像检索系统主要包含下面两个步骤。

第一步：对图像文件进行元数据提取，标注相应的关键词或者描述字段，建立图像索引数据库。通常是根据图像的名称、编号、内容描述、图像大小、图像来源、图像所在文件的位置、图像的作者和图像拍摄的时间等信息，采用人工标注（也有少量采用自动图像属性获取的方法）的方式建立相应的文本描述信息，并进行图像的特征提取，从而建立图像索引数据库。

第二步：采用文本数据库管理方式和检索方式对用户输入的检索关键词进行全数据库的匹配查找。

整个检索过程可以用图 4-3 表示。

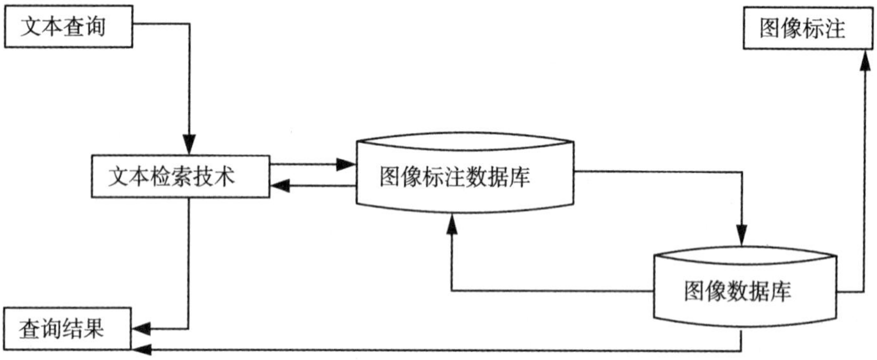

图 4-3　基于文本的图像检索

基于文本的图像检索技术存在其独有的优势。一方面，它将图像检索问题转化为关键字的文本匹配问题，可以使得算法的性能非常好，有利于扩展到处理海量图像数据的情况；另一方面，这是一种有人参与和监督的技术，因此，这种检索技术的查准率很高，可以作为其他检索算法的辅助。但是，该方法也存在着一些固有问题，具体包括以下几方面。

（1）文本描述难以充分、准确地表达出图像的丰富内容。文本描述本身虽然是一种定性的描述方法，但描述能力有限，而数字图像中往往包含大量的各种定性描述信息，同时部分图像的视觉特征往往难以用语言文字来描述。

（2）文本描述存在主观性，表达不够客观稳定。给定一幅图像，受图像标注者个人文化背景和生活阅历的影响，每个人所提出的描述图像的关键字是不一样的，存在比较强的主观性。然而，图像描述通常是希望能够尽可能地保持客观稳定，这样才能使得图像搜索引擎的性能稳定可靠。

（3）文本描述的查全率有限。采用基于文本的图像检索方法本质上就是计算用户的检索请求关键字与图像数据库内的图像描述关键字之间的相似度。然而在传统的信息检索中，如何准确有效地度量两个不同关键字之间的相似性还是一个比较开放的研究问题，因此，可以想象这种方法在使用的过程中同样会面临着这样的问题。

（4）采用人工标注的方式在实际中费时费力，效率低下。虽然采用基于上下文环境分析的方式可以解决部分图像标注的问题，但是在现实中许多图像没有完整的上下文环境，缺乏图像周围的描述性文字信息，因此这种方法不适合处理这种情形。

针对上述问题，在基于文本的图像检索技术研究中，如果只是依靠上述两种方法进行图像的标注，显然无法满足如今海量的图像数据处理的实际情况。因此，需要采用其他方式，例如基于深度学习的方法，在已有的标注图像数据的基础上，对数据库中的未标注图像数据进行半监督学习的图像自动标注，或者在图像标注的过程中，采用主动学习的方式，智能地挑选出部分具有代表性的图像返回给标注者进行标注，从而减少人工图像标注的劳动量。

4.2.1.2 基于内容的图像检索

基于内容的图像检索技术由来已久，起源可以追溯至20世纪80年代早期，主要是为了弥补TBIR技术的不足而提出的。在1984年，Chang等人提出了一项用于在图片数据库中的索引技术，其中用到了聚类和分类来对图片建立索引，这是CBIR领域为数不多的早期工作之一。在1992年，T. Kato正式提出了基于内容的图像检索（CBIR）这一概念，构建了一个基于色彩和形状的图像数据库，并提供了一定的检索功能进行实验。此后基于图像特征提取以实现图像检索的过程以及CBIR这一概念，被广泛应用于各种领域，如统计学、模式识别、信号处理和计算机视觉等。

基于内容的图像检索就是根据图像找图像，这种检索过程首先是计算机自动提取每幅图像的视觉特征，然后利用这些特征信息及空间关系作为索引，计算查询图像与目标图像之间的相似距离，最后按相似度匹配进行索引，根据相似度高低依次返回结果。

鉴于基于文本的图像检索技术所存在的不足，在基于图像内容的图像检索技术中，研究工作多是直接使用从图像内容上提取得到的图像低层视觉特征，比如图像的颜色特征、形状特征、纹理特征、空间几何特征以及局部不变性特征，如SIFT特征等。

目前已有包括IBM开发的商业化QBIC系统、哥伦比亚大学研发的WebSeek系统、麻省理工学院研发的Photobook系统、谷歌的Google Similar Images等基于内容的图像检索系统，这些系统都已经应用于图像检索实践。

由于图像存在着颜色、形状、纹理等方面的特征，因此基于内容的图像检索技术也可以分为：颜色检索、形状检索、纹理检索、草图检索和对象检索等多种类型。

1. 颜色检索

颜色具有一定的稳定性，因此在许多情况下，颜色是描述一幅图像最简便而有效的特征。例如，在检索某一景物图像时，指定图像中的主要颜色的大致比例后，即可检索出与该颜色分布类似的图像。

对颜色进行检索主要从图像颜色分布、相互关系和组成出发，利用颜色空间直方图进行匹配。常见的颜色坐标空间有 RGB（红、绿、蓝），HSV（色调 Hue、饱和度 Saturation、亮度 Value）等，它们反映出图像中的颜色和出现这种颜色的概率之间的关系。根据颜色数据进行查询时，数据库中的图像和被查询图像之间的距离可用加权欧几里得距离表示，距离值即可表示图像之间的差别程度，距离值小表明相似度大。采用基于颜色分布的匹配将获得视觉效果上接近被检索实体的查询结果，常用的方法有互补颜色空间直方图、直方图交叉法、直方图距离比较法和二次距离算法等。

2. 形状检索

形状是刻画物体的本质特征之一。很多查询可能并不针对图像的颜色，因为同一物体可能有各种不同的颜色，但其形状总是相似的。一个封闭的形状具有许多特征，如形状的拐点、形状的重心、各阶矩（形状所包含的面积与周长的平方比、长短轴比等）。对于图形，其特征还包括其矩阵表示及矢量特征、骨架特征等。

基于形状的检索一般有两种方法。一种是基于轮廓线的检索，这种方法首先对图像进行边缘提取，得到目标轮廓线，然后针对这种轮廓线进行形状特征检索；另一种是直接针对特定形状的图形进行的检索，这种检索可以利用封闭图形的形状特征或直接针对图形寻找适当的矢量特征进行检索。

3. 纹理检索

纹理也是刻画物体的重要特征。颜色相同、形状一样的图像，其纹理特征可能各异。图像的纹理特征在局部区域内可能没有规律，但在整体上却往往呈现出一定的规律性，这也正是基于内容检索的一条主要线索。纹理特征主要由纹理的均匀度、对比度和方向的特征量表示。均匀度反映纹理分布的复杂程度，对比度反映纹理的清晰度，方向反映实体是否有规则的方向性。

纹理特征的匹配算法根据具体特征的不同而不同，较为常见的纹理相似度度量方法是马氏距离（Mahalaanobis）等距离度量因子。

4. 草图检索

草图特征是由原始图像实体的边界映射而成。根据草图进行查询时，通常用手画出图像的大致边界，然后利用相似性原则查询出数据库中具有相似边界的图像。

5. 对象检索

对象检索是基于对象特征的检索，即对图像中所包含的静态子对象进行查询，检索条件可以利用综合颜色、纹理、形状特征、逻辑特征及客观属性等。对象有两类：一类是以区域为问题的出发点，将整个图像作为对象，对其内容特征进行描述；另一类是以子对象为问题的出发点，对图像所包含的子对象特征进行描述。

对象检索首先要对图像进行预处理，将原始像素信息分割成一些颜色和纹理在空间上连贯分布的区域，计算出每个区域的颜色、纹理和空间特征。这与颜色检索和纹理检索不同。颜色检索和纹理检索用于检索与图像全局相似的图像，是针对全局特征的，不需要对图像进行分割。而对象检索用于检索图像对象或其子对象，是针对局部特征的，因此除了对图像要做预处理外，还需要进行图像分割，在难度和复杂度上，比颜色检索和纹理检索更进一步。

基于上述不同的检索类型，CBIR 技术的图像检索系统在建立图像数据库时，系统对输入的图像进行分析并分类统一建模，然后根据各种图像模型提取图像特征存入特征库，同时对特征库建立索引以提高查找效率。用户在通过用户接口设置查询条件时，可以采用一种或几种特征的组合来表示，系统采用相似性匹配算法计算关键图像特征与特征库中图像特征的相似度，按照相似度从大到小的顺序将匹配图像反馈给用户。用户可根据自己的满意程度，选择是否修改查询条件并继续查询，以达到令人满意的查询结果。

CBIR 系统可以看作一个用户和图像数据库之间的一个界面或通道，其过程的一般框架可以描述为如图 4-4 所示。

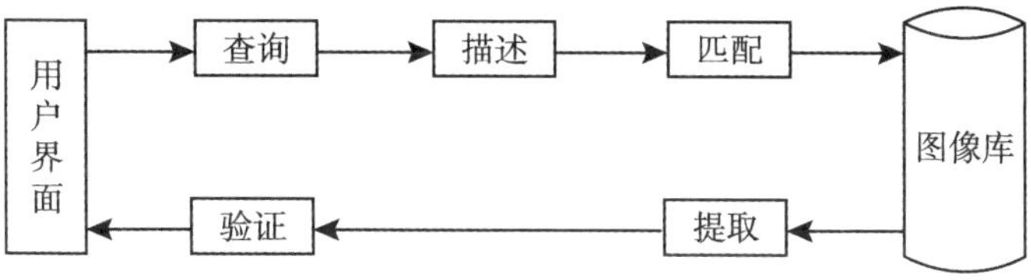

图 4-4　基于内容的图像检索

基于内容的图像检索技术以图像低层视觉特征（颜色、纹理、形状、对象等）的图像检索方式为研究重点，因其直观（示例描述）、高效（相似性匹配检索）、通用（与领域知识无关）等特点，克服了基于关键字的图像检索方式因人工标注图像的主观性、不准确性和工作量大而导致的检索结果不直观、检索效率低（自然语言对图像内容描述的歧义性）等缺陷。经过多年发展，技术上已相对成熟，并开发出一些实用的图像检索系统。

虽然基于内容的图像检索方法有较好的检索效果，但仍存在一些限制。例如，图像低层视觉特征的提取、索引与匹配因缺少高层的语义知识支持，与人类视觉特性相距甚远，即存在“语义鸿沟”，导致检索精度过低，需要通过常用的技术手段，如图像分割、相关反馈、完善图像语义抽取规则知识库以及建立复杂的分类等来弥补。此外，为了保证一定的检索精度，提取的图像特征具有较高维度，且随着检索精度的提高而急剧上升，给快速索引与检索增加了负担。

4.2.1.3　基于语义的图像检索

图像语义检索技术要解决两个基本的问题是如何在语义层次上表示图像以及如何在语义层次上测度相似性。解决这两个问题的一个方法是建立低层特征空间到高层语义空间的映射函数。而高层语义空间与人的视觉是一致的，也就是说，如果两幅图像在语义上是相似的，那么在语义空间中两幅图像之间的距离是接近的。因此，问题的关键在于如何从图像特征空间如颜色、纹理等中发现语义结构。

图像语义一般包括三个层次：低层特征语义、对象及其空间关系语义和高层语义。低层特征语义就是图像的颜色、纹理、形状等视觉特征；对象及空间关系语义需要识别和提取图像中的对象，判断对象间的空间位置、隶属关系等；高层语义主要包含图像的场景、行为和情感等。图 4-5 为图像语义层次模型及语义内容分层结构。

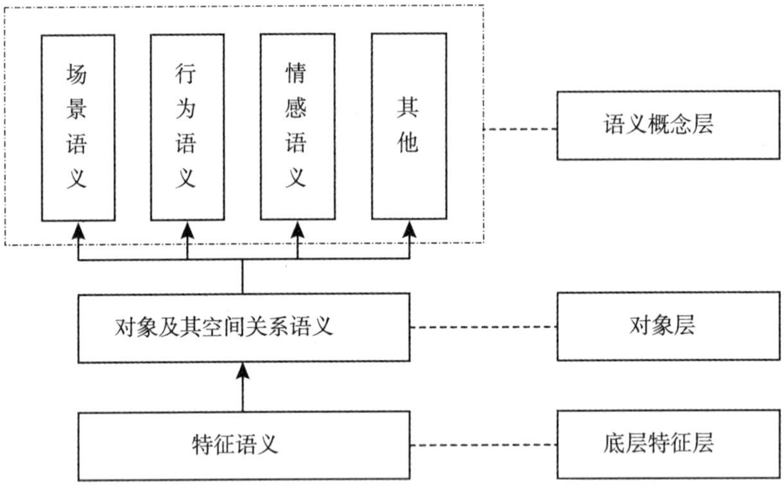

图 4-5　图像语义层次模型及语义内容分层结构

以上 3 层语义是相互区别又相互联系的。例如，一张若干个人在沙滩打排球的图像，从低层特征语义考虑，需要提取图像的颜色、形状等特征；从对象语义考虑，识别的是一个一个人的对象；从对象空间关系考虑，提取的是几个人的站位关系；从场景语义考虑的是沙滩背景；行为语义考虑的就是沙滩排球运动；最后从情感语义上这可能是一幅让人感到轻松愉快的图像。这 3 层语义又是自下而上支撑的，例如低层形状特征的提取支撑排球对象的识别，人和球对象语义再加上沙滩的场景语义又支撑沙滩排球的行为语义等。在实际中考虑哪一层语义则往往取决于用户对系统提出什么样的查询要求。

基于内容的图像检索是通过图像的低层特征语义（如颜色、纹理、形状等）进行的检索。但是，在理想的状况下，用户主要是根据图像的含义进行图像检索，而不是根据图像的低层特征进行检索。这些图像的含义就是图像的高层语义，它包含了人对图像内容的理解，这种理解是无法直接从图像的视觉特征，即低层特征获得的，为了解决以上问题，出现了基于语义的图像检索。

目前基于语义图像检索的方法可以分为两大类：一是自动语义标注，该方法必须利用已标注过的图像数据库作为训练集，采用机器学习或者统计学习方法对图像进行标注；二是基于语义空间的图像检索方法，该方法不需要已标注过的图像数据库，而是通过相关反馈的方法创建高层语义空间、低层特征空间，并构建二者之间的空间映射，将待查询的图像转变为语义空间中的表示形式，实现图像在语义空间中的检索。

1. 自动语义标注

基于语义的图像检索的一种很自然的想法就是通过手工标注的方法赋予图像语义，但是该方法对于拥有大量图像的数据库是不可行的。再者，不同的用户对同一幅图像有不同的理解，即存在认识主观性的问题。基于上述两点，手工标注的方法很可能导致检索的不匹配。因此，有必要建立一种图像语义自动学习机制，采用机器学习和统计学习的方法自动对图像进行语义标注。这种方法必须借助于经手工标注过的图像，并将其作为训练集。

图像语义标注的目标是：给定图像 I，从语义描述词汇集 L 中挑选出能够最好描述的关键词集合 ω。要达到上述目标，必须存在由图像及其对应的关键词集构成的训练集，即 $D = \{(I_1, \omega_1), \cdots, (I_D, \omega_D)\}$，并在此基础上进行学习。

目前，采用机器学习和统计学习进行图像自动语义标注的方法大体上可以分为两类，即无监督语义标注和监督语义标注。

（1）无监督语义标注。近些年来，一些学者研究无监督学习对图像进行语义标注的问题，基本思想是引进随机变量对客观世界的状态进行编码，其中将每个状态定义为语义关键词和图像区域（区域以局部特征向量的形式出现）之间的联合概率。训练时，每个图像均被分割成多个区域，同时该图像具有一个标注集合；无监督学习算法基于整个训练集来估计关键词和其对应的区域低层特征的联合概率。给定一幅待标注的新图像，提取出该图像的各个区域的视觉特征向量，应用该特征向量实例化联合概率模型。同时，查找使得关键词和图像低层特征之间的联合概率最大的标注集合。这种语义标注形式即称为无监督语义标注。

无监督语义标注方法的通用形式是：

$$P_{x,w}(x, w) = \sum_{l=1}^{S} p_{x,w \mid L}(x, w \mid l) P_L(l) \tag{4-1}$$

其中，L 是随机变量，S 是 L 可能的状态的数目，X 是从图像 I 中提取的特征向量集，W 是该图像对应的关键词集合。通常的方法是基于 EM（Expectation-Maximization algorithm）算法（Dempster，Laird 1977）进行学习，但是实现的细节依赖于随机变量 L 的定义和 $P_{x,w}$（x，ω）采用的概率模型。

一般来说，无监督标注所需的计算量较小，与下文提到的监督 OVA（One Vs. All）语义标注方法中计算 $Y_i = 1$ 的条件密度的算法复杂性相同。同时，对图像训练集中图像手工标注的质量要求也较低，应用该方法可以得到待标注图像与其对应的关键词之间的联合概率，可以根据情况选择联合概率最大的几个关键词作为该图像的语义标注关键词。

但是，它没有显式地将图像语义所对应的关键词作为类，然后对类进行 Bayesian 决策。因此，也就无法在识别或检索意义上保证语义标注的最优化。也就是说，它不是基于最小错误率的标注，而仅产生在假定的混合模型中具有最大联合概率的语义标注。

（2）监督语义标注。

①监督 OVA 语义标注。早期语义标注的研究主要针对特定语义的标注，如将图像数据库中的图像区分室内和户外场景后加以标注，或从图像数据库中识别出树、识别出马或者识别出建筑物等。这些研究将语义标注看作监督学习的过程。这种方法也需要先建立一个训练集，该训练集由具有感兴趣概念的图像和不具有感兴趣概念的图像构成。训练集建立起来后，利用两类别分类器对训练集进行学习，该分类器判定是否存在与待标注的图像所对应的感兴趣概念对图像进行标注。这种分类器训练适用于所有的模式（感兴趣的概念与其他不感兴趣的概念），这种语义标注框架称之为监督 OVA。

②基于支持向量机（SVM）技术的图像语义检索。支持向量机方法是一种有监督的

分类法，在高维数据分类上的高效性已经被证明。例如，采用 SVM 的方法来进行图像分类器的构造，为每种图像类别分别构造一个分类器，把图像的组合特征作为 SVM 的输入向量。图 4-6 为基于支持向量机技术的图像语义检索系统结构。

2. 基于语义空间的图像检索

近年来，一些学者通过人机交互应用相关反馈的方法建立图像低层特征和高层语义之间的映射关系来获得图像语义，实现基于语义级的图像检索。但上述方法都只利用了当前的一次查询信息，而忽略了之前的所有查询信息，无法积累用户相关反馈过程中多次查询的知识。因此，在应用相关反馈方法进行图像检索时，不仅要利用当前的一次查询所获得的语义知识，而且要利用之前的多次查询的结果。为了区分这两种方式，将其分为以一次查询为基础的短期学习方法和多次查询为基础的长期学习方法。短期学习方法研究重点在于提高当前查询的检索性能。长期学习方法不断积累从用户获得的知识，产生新的图像特征表示，从而进一步提高检索效果。

为了解决当前图像检索系统在语义层次上的局限性，可以通过长期学习的方法，基于相关反馈的范例查询来隐式地建立语义空间，进行语义空间层次上的图像检索。该方法不需要存在手工标注的图像，是通过用户提供的反馈结果来得到隐语义。例如，商业搜索引擎的大量点击数据可以作为弥合图像语义与检索词之间鸿沟的独特数据集。点击数据也被证明是衡量查询词和检索结果相关性的重要信息，并且可以利用点击数据作为用户反馈进行检索优化。

4.2.1.4　基于深度学习的图像检索技术

深度学习源于人工神经网络的研究，深度学习通过组合低级的特征形成更加抽象的高层表示属性类别或者特征，以发现数据的分布规律，这是其他算法无法实现的，是获取高层语义特征的有效手段，能有效地提高图像检索精度。

深度学习学习到的低层特征是一些边缘特征，若训练数据是彩色图像，则低层特征也会包含颜色特征（对比色），第二层则是把第一层作为输入，在边缘特征的基础上进一步组合、抽象成部分结构，更高层次的特征则可以看成抽象的对象或其他语义。从本质看，深度学习是通过海量数据的训练来构建具有多层隐含层的深层模型，让每层学习得到简单但有用的特征，最终得到低维、稀疏，但更具区分性的高层特征，从而提升深度学习模型的表达能力和分类准确性。

现阶段，基于深度学习的图像检索已成为了这一技术的主流趋势。从 VGGNet、Alexnet、GoogleNet 到 ResNet 均能较好提取出图像的高层语义信息，同时深度哈希图像检索算法也是研究的热点，在图像检索中取得了良好的效果。然而，由于神经网络提取出的特征维度较高，不利于特征之间的相似度检测，极大地增加了图像检索的时间。例如，在神经网络 AlexNet 中，提取的特征高达 4096 维，也就是说每张图像提取的特征都是一个 4096 维的向量，计算图像特征之间的距离需要很大的计算量，很难在较短的时间内输出相似图像。因此，如何降低算法的计算复杂度，提升检索效率是深度学习图像检索研究的趋势。

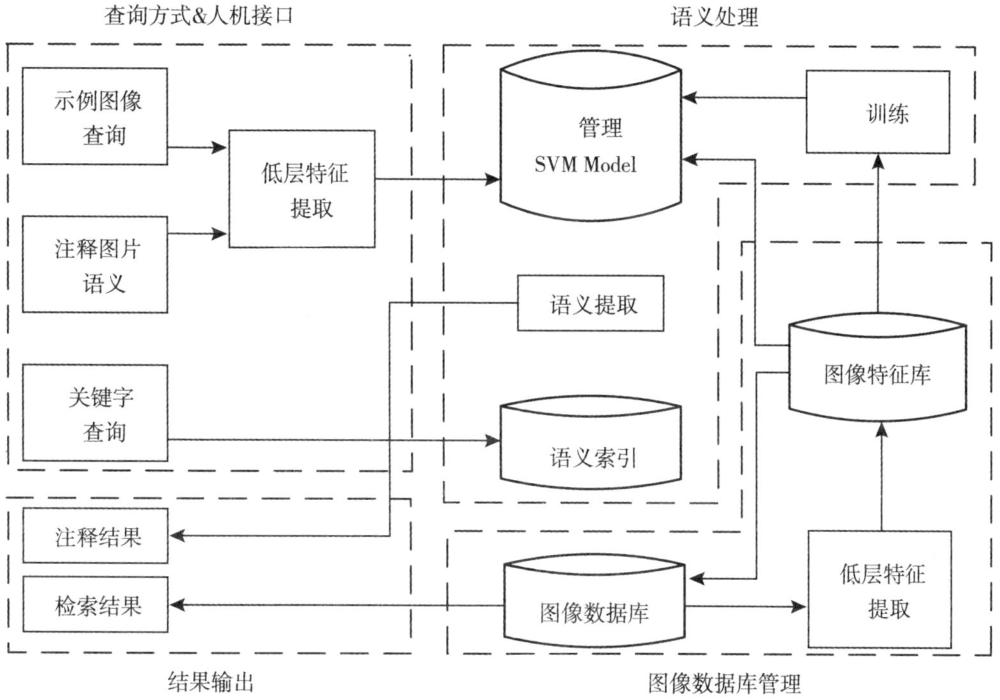

图 4-6　基于支持向量机技术的图像语义检索系统结构

4.2.2　视频检索技术

计算机技术和网络技术的发展使视频数据量迅速增长，视频已经成为现代生活中最为重要的信息传播和交流媒介之一。视频检索就是要从大量的视频数据中找到所需的视频片段，系统根据所给出的例子或特征描述自动找到所需要的视频片段。同时，如何在海量的视频信息中进行准确和快速的检索已经成为人们目前所面对的一个非常重要的问题。

国内外对视频检索技术的研究主要分为基于文本的检索策略、基于视频内容的检索研究、基于与用户交互来判断检索意图的检索策略。基于视频元数据文本信息的视频检索技术是将视频的文本信息诸如标签、视频类型、视频名称和别称、导演与演员名、地区等各种元数据文本信息存储在文本文档中，通过进行倒排等技术建立索引字典，与用户检索词进行匹配获得视频检索结果。这一检索策略在工业界获得了较为普遍的应用，如 Google 和百度的视频检索服务均采用文本/标签检索。然而，随着视频数据量的增加，视频检索要求的准确性和经济性已经逐渐无法从这种传统的检索方法中得到满足。同时，语义描述很难准确、完整地用一个或多个关键词来描述出视频的内容。基于内容的视频检索方式使用图片和视频作为检索工具，分析图像内容并与特定的搜索词建立联系，进而建立从检索词到视频的索引，从而使视频能够被检索出来。基于交互的视频检索则是与用户进行信息确认从而去识别用户的检索目的。

本节将对基于内容的视频检索的流程、原理和主要研究内容进行介绍。

4.2.2.1 视频检索流程

基于内容的视频检索是指根据视频的内容和上下文关系，对大规模视频数据库中的视频数据进行检索，在没有人工参与的情况下，自动提取并描述视频的特征和内容。基于内容的视频检索研究，用于识别和描述图像的颜色、纹理、形状和空间关系等信息；基于内容的视频检索主要研究集中在视频分割、特征提取和描述（包括视觉特征、颜色、纹理和形状及运动信息和对象信息等）、关键帧提取和结构分析等方面。

（1）将视频序列分割为镜头。视频序列是由许多场景组成的，以叙述一个完整的故事结构。相同的场景经过聚类后形成视频序列，视频的最高语义就是视频序列。镜头代表一个场景中在时间上和空间上连续的动作，是摄像机的一次操作所记录下来的一段连续的帧序列，只能拍摄相邻地点连续发生的事情。任何一段视频数据流都是由许多镜头组成的，镜头是视频数据的基本组成单元。

（2）在镜头内选择关键帧。帧是视频数据的最小单元，是一幅静止的单幅影像画面，相当于电影胶片上的每一格镜头。在时间轴上帧表现为一格或一个标记。视频可以看作一个连续静态图像的序列，其中的每一幅静态图像称为一帧。关键帧相当于二维动画中的原画，是角色或者物体运动或变化中的关键动作所处的那一帧，是一幅能描述镜头主要内容的帧。根据内容复杂度，一个镜头可以有一个或多个关键帧。关键帧与关键帧之间的帧称为过渡帧或者中间帧。

（3）提取镜头的特征及关键帧的视觉特征。提取镜头的特征及关键帧的视觉特征存入视频数据库，特征包括颜色、纹理等方面，是进行视频聚类和检索的依据。

（4）视频检索与浏览。

4.2.2.2 基于内容的视频检索原理

1. 视频分割

对视频建立索引，首先要将视频分割为镜头——利用视频特征将时间上连续并且相似的帧归为一个镜头，通常利用帧间距离测度和相似度量的方法进行判决。

进行镜头检测的关键是确定从镜头到镜头的转换处，并利用镜头之间的转换方式找到镜头图像之间的差别。镜头的切换方式有两种：切变（突变）和渐变。

切变是指从一个镜头直接切变到另一个镜头的方式。下文将介绍几种常见的切变检测算法。

（1）像素对差值法。这种方法定义相邻帧图像间的差异为：

$$D(f_1, f_2) = \frac{\sum_{i=1}^{M}\sum_{j=1}^{N} d[f_1(i, j), f_2(i, j)]}{M \times N} \tag{4-2}$$

$$d(\cdot) = \begin{cases} 1 & |f_1(i, j) - f_2(i, j)| > T_1 \\ 0 & |f_1(i, j) - f_2(i, j)| \leqslant T_1 \end{cases} \tag{4-3}$$

$f_1(i, j)$ 和 $f_2(i, j)$ 是图像位置 (i, j) 处相邻帧的灰度值，M，N 是图像两个方向的像素个数；T_1 是预定义的阈值。

该方法首先计算相邻帧图像对应位置的像素差，若像素差超过阈值 T_1 的像素数目达到一定比例 T_1'，则认为发生一个切变。此方法优点在于算法简单，易于实现，但对镜头和目标运动敏感，误检率很高，即使通过图像平滑也难以有效降低误检率。

（2）直方图最小帧差值法。这种方法定义相邻帧图像间的差异为：

$$D(f_1, f_2) = \sum_{i=0}^{K-1} \frac{\min\{H[f(x, y, t), i], H[f(x, y, t+1), i]\}}{\sum_{i=0}^{K-1} H[f(x, y, t+1), i]} \tag{4-4}$$

式中，$H(\cdot)$ 是图像的直方图，K 是图像灰度级数，$H[f(x, y, t), i]$ 表示第 t 时刻灰度级数为 i 的直方图统计值。

当帧差超过阈值 T_2 时，则认为发生一个切变，该阈值 T_2 可自动确定为 $T_2=m+s\times\sigma$，式中 m，σ 分别是帧差值的均值和标准差，s 是一个较小的数。

该方法体现了帧图像总体灰度分布，因此对一般的运动不敏感，实际中有比较广泛的应用。但往往具有不同结构的两幅图像却具有相似的直方图，因此该方法存在漏检问题。

（3）块匹配似然比法。这种方法将帧图像分割为若干子图像，通过如下方法计算图像差异：

$$D(f_1, f_2) = \sum_i \left\{\frac{\sigma(f_{1i}) + \sigma(f_{2i})}{2} + \left[\frac{m(f_{1i}) + m(f_{2i})}{2}\right]^2\right\}^2 \tag{4-5}$$

其中 $m(f_i)$，$\sigma(f_i)$ 分别是图像第 i 个子图像灰度的均值和方差。此方法计算量较大，且查全率和精确率并没有明显提高。

渐变是指从一个镜头慢慢切变到另一个镜头的方式。上述检测突变镜头的方法同样适用于渐变镜头的检测中，但由于渐变镜头发生时，会有数帧在内容上发生重叠，相邻帧的变化比较缓慢，最终检测的效果都不是很好。因此，渐变镜头的检测要更加困难，常用的渐变镜头检测方法有以下几种。

①阈值法。阈值法通过比较帧差的方式进行检测。对于渐变变化的镜头，帧差有所增大，但没有一个明显的峰值，而是在一定的阈值范围之内。

②基于聚类的检测方法。聚类方法是研究样本分类问题的一种多变量统计方法，其本质就是寻找联系紧密的事物并把他们区分出来。在图像或视频处理领域，首先设定好聚类数目，聚类算法会对数据的特征进行自适应的学习，确定聚类中心并分成不相关的类群，每个类群中的数据是相似的，而不同的类群内的数据是不相关的，从而达到镜头分割的目的。该方法不需要人工设定阈值，提高了检测结构的准确性，但需要人工设置聚类数目和聚类中心，这在一定程度上会影响最终检测结果。

2. 关键帧提取

（1）基于镜头的检测算法。基于镜头的检测算法，通常是将视频分割成镜头，然后在镜头的基础上，选择固定位置（首部、尾部或中间）的帧作为关键帧。其最常用的方法是基于像素和基于直方图的方法，基于像素的方法就是通过计算整个镜头里所有帧像素的均值作为参考值，使每一帧像素值与参考值进行比较，选取最接近参考值的一帧或几帧作为该镜头的关键帧。基于直方图则是将视频帧用直方图代为描述，具体计算方法与上述相似。基于镜头的检测方法简单易操作，适合镜头内容变化程度低的视频。其不足之处有：首先是选取固定位置的视频帧作为关键帧并不能充分代表所有镜头的内容；其次镜头之间存在相互交替，例如视频内人物进行对话，镜头的情景会重复交替，如果对此类镜头采用该方法，会产生大量的内容相似的冗余帧。

（2）基于聚类的检测方法。聚类方法除了适用于镜头分割算法之外，同样也适用于关键帧提取，原理都是将视频帧以相似性为原则进行分类。与镜头分割算法不同的是，关键帧的提取更加细化视频帧间的变化，在对场景不同的视频内容分类的同时还需对场景相同但视频内容存在变化的视频帧进行分类，因此选取合适的聚类方法是关键。为了保证提取的关键帧能够反映视频的关键事件，目前大多数研究者都采用两种或两种以上的聚类方法从视频中进行关键帧分段提取，这样可以保证结果更加准确。另一种方法就是先采用聚类算法对镜头内容进行分类，在确定了聚类群后，再选择相关算法从类群中选择合适的一帧作为关键帧。聚类方法是目前在关键帧提取技术中使用较广的方法，它可以自适应将内容相似的视频帧分为一类，成功降低了冗余帧的数量，不过在聚类的同时会把具有时间顺序的视频帧打乱，使其失去了时间信息。该方法不足之处是聚类数目和初始聚类中心需要人为选择。

（3）基于运动特征的检测方法。视频是由一系列静态图像连续变化形成的，因此图像中某一点会随着时间逐渐地运动变化，这一运动信息是视频独有的特性，一般会通过摄像机在某一位置进行短暂停留或者视频中目标几乎静止不动来强调其本身的重要性。基于运动特征的方法最经典的是运动估计法，其基本思想是将视频帧分成若干互不叠加的子块，计算视频帧的每一块与下一帧给定特定范围内的相关子块的相似度，将最相似的那一块称作参考块，并得出当前块与参考块的相对位移量，即为运动矢量。通过比较相邻帧之间的运动矢量，矢量变化较小的视频帧则认为其画面静止或几乎不变，说明该处含有较多内容信息，则可以选取其中一帧作为关键帧。另外一种计算运动信息的方法是光流法，光流被认为是动态图像的几何变换，利用图像的亮度模式，计算物体某一点在表面上的运动速度，将镜头中光流最小的一帧，也就是运动量最小或者静止的一帧作为关键帧。然而不足的是运动信息是局部特征，面对内容复杂的视频，容易提取出过多的冗余帧，同时光流算法计算量过大，降低了整个算法的效率。

（4）基于内容分析的检测方法。基于内容的检测方法就是利用视频帧的颜色、纹理等低层特征信息来作为计算的依据，主要是通过比较相邻帧的变化，变化幅度较大时，说明视频内容有明显变化，则按变化区域选取合适的一帧作为关键帧。具体计算过程为：首先选择合适的特征来描述视频帧内容，提取特征后的视频序列记为：$F=(f_1, f_2, \cdots, f_n)$。然后将第一帧视为参考帧，利用相似度匹配算法与下一帧进行比较，其相似值记为 D_1。将相似值与设定的阈值进行比较，若小于阈值，则说明该帧与前一帧在内容上相似度较小，则可以将当前帧作为关键帧，从下一帧开始继续进行上述计算，直到比较完所有帧。上述方法利用视频帧自有的特征信息进行相邻帧间的计算，可以很好地体现视频的内容变化幅度，因此提取的关键帧可以较好地代表视频内容。但仍有不足之处，对相邻帧进行依次比较，面对不同的视频种类，需设定不同的阈值才可以准确提取出正确的关键帧，人为设定阈值不仅容易造成提取结果的准确率，还会加大计算量。

3. 运动特征提取

视频分割成镜头后就要对各个镜头进行特征提取，得到一个尽可能充分反映镜头内容的特征空间，这个特征空间将作为视频聚类和检索依据。除了颜色特征和纹理特征，运动特征也是重要的特征之一。

运动特征反映了视频的时域变化。运动分析的方法有基于运动向量方法、光流方程的方法、基于块的方法、像素递归方法和贝叶斯方法等。

①基于运动向量的方法。摄像机进行旋转时，包括扫视（即水平旋转运动）和倾斜（垂直旋转）运动，运动向量会以明显的方向性分布在连续的帧图像中。

②基于光流和仿射模型的方法。空间中，运动可以用运动场描述，而在一个图像平面上，物体的运动往往是通过图像序列中不同图像灰度分布的不同体现的。基于光流和仿射模型就是利用运动图像序列中的强度数据的时域变化和相关性，确定图像像素位置的运动情况，进而获取运动特征。

4. 视频检索与浏览

在对视频流中各镜头提取关键帧并进行特征提取后，还要建立基于视频特征的索引。通过索引，就可利用基于关键帧特征，或是基于镜头动态特征，或是将二者相结合对视频进行检索和浏览。基于内容的检索是一个近似匹配，逐步求精的循环过程，主要包括初始查询说明、相似性匹配、返回结果、特征调整、人机交互、检索反馈等步骤，直至获得用户满意的查询结果。

视频检索与浏览主要分为以下四个过程。

（1）基于关键帧的检索。视频被抽象为关键帧后，搜索就变成按照某种相似度来检索数据库中与查询描述相似的关键帧。通常使用的查询方法包括通过目标特征说明（直接）的查询和通过可视实例（示例）的查询。检索时，用户也可以指定使用特定的特征集。如果检索到关键帧，用户就可以利用播放来观看它所代表的视频片段。浏览可以跟随检索，以检验检索到的关键帧的上下文边界联系。浏览也可以初始化查询，即当浏览时，用户可以选择一个图像来查询所有与该图像相似的关键帧。

（2）基于镜头动态的检索。基于镜头和主体目标的运动特征来检索镜头是视频查询的进一步要求。可以利用摄像机操作的表示来查询镜头，可以利用运动方向和幅度特征来检索运动的主体目标。在查询中还可以将运动特征和关键帧特征结合起来，检索出具有相似的动态特征但静态特征不同的镜头。

（3）视频浏览。对于视频来说，浏览与有明确目的的检索同样重要。为了有效地浏览，视频文档的内容应表示成用户易于理解的静态画面的形式，并且必须提供非线性的访问。通常每个镜头的关键帧都会被用来表达“浓缩”了的视频序列。

（4）视频的检索反馈。除利用图像的视觉特征进行检索外，还应根据用户的反馈信息不断学习和调整阈值重新检索，实现人机交互，直到达到用户的检索要求。如何定义是否两个视频相似，仍然是尚未解决的问题，限制了检索系统的应用范围。

4.2.3 音频检索技术

传统的音频检索主要包括语音检索、音频检索和音乐检索三种类型。语音索引和检索的基本方法是运用语音识别技术把语音信号转化为文本，然后应用 IR（Information

Retrieval）技术进行索引和检索；音频检索是以波形声音为对象的检索；音乐检索是以音乐为中心的检索，利用音符和旋律等音乐特征检索。

基于内容的音频分类和检索，是从音频数据中提取出特定的音频特征，建立音频数据表示方法和数据模型，对不同音频数据赋予不同的语义，根据音频媒体的内容语义、模型及上下文联系对音频对象进行划分，使具有相同语义的音频在听觉上保持相似。然后，采用有效和可靠的查询处理算法，使用户可以在智能化查询接口的辅助下，从音频数据库中进行查找，检索出具有相似特征的音频数据。基于内容的音频检索包含四个任务：特征提取、音频分割、音频分类和检索匹配。

1. 特征提取

特征提取指的是寻找原始音频信号表达形式，提取能代表原始信号的结构化数据。音频特征提取有两种不同的技术路线，一是基于音频信号的短时平稳性，从迭加音频帧（长度一般为 10—30ms）中提取特征，在短时间刻度提取的特征较稳定；二是从音频片段中提取特征（长度一般为 1—4s），由于任何语义都有时间延续性，所以在长时间刻度内提取音频特征可以更好地反映音频所蕴涵的语义信息。

音频特征从低到高依次为三个等级：物理样本级、声学特征级和语义级。从低级到高级，内容的抽象层次逐步提高。物理样本级，音频内容是以媒体流的形式存在，其中包括原始音频数据和音频元数据，比如采样率、编码格式、声道数等元数据信息；声学特征级，声学特征是从音频数据中自动提取的，它可以分为感知特征和声学特征，前者是对音频的感知，如音调、响度和基音等，可以直接用于音频数据的检索，后者包括音频的过零率、宽带和共振峰等；语义级是音频的概念描述，包括对象语义描述、音乐叙事、语音识别文本等。

2. 音频分割

音频分割指利用提取的音频特征，检测出声学特征跳变点，跳变点定义音频信号的区段，再将这些区段作为单个的音频单元处理。音频是连续的时间序列信号，具有时间上的结构和语义内容，因此在进行内容分析前，需要对音频序列进行分割，将其分割成长短不一的音频单元。

音频分割主要技术方法包括以下几种。

（1）基于识别的分割方法。这种方法是利用现有的连续语音识别技术对音频数据进行识别，识别后产生的音频相关信息被用作分割时的依据。这种方法的优点是可以利用原来音频信息中的语义信息进行分割，但是由于多种复杂声学条件下的识别效果很差，从而影响了分割结果的正确性。另外，识别后只能产生有用的音频信息和静音信息。对于不同声学特征的转换（例如从音乐到语音的转换），缺乏区分能力。

（2）基于模型的分割方法。这种分割方法根据不同类型音频的声学特征建立模型，如音乐模型、静音模型。然后用这些模型对音频数据利用极大似然准则进行检测，检测在一定长度的滑动窗的内部进行。如果在窗中间的两侧信号分别属于不同的模型，这一中间点就是信号的声学特征发生变化的点。基于模型的分割方法虽然对各个模型所代表的声学特征的音频信号具有一定的区分能力，但是对于未知的声学特征没有预测能力。在进行分割时，时常会由于被分割的音频信号的声学特征的多样性而出错。

（3）基于尺度的分割方法。尺度包括 KL（相对熵）距离，广义极大似然比距离等距离尺度。在进行分割时，计算每一点的左右两个窗内信号的距离，并和一定的阈值比较，如果这个距离大于一定的阈值，则这一分割点是音频信号的声学属性发生跳变的点。这种方法的优点是决策不需要先验知识，有较高的准确率，但是这种方法需要预先设定一个门限值，这个门限值可能随声学跳变点左右两端信号的特征的不同而差异很大，因此缺乏一定的推广性。

（4）基于假设检验的分割方法。基于假设检验的分割方法类似于基于尺度的分割方法，都是以检测音频特征跳变点为主，所不同的是这种方法不是简单地计算音频数据某一点左右两段信号的距离，而是假设某分割点左右两段的信号服从某一概率分布，再根据一定的准则去检验这种假设的正确性。

3. 音频分类

基于内容的音频分类是基于内容的音频检索的基础。音频分类技术是音频结构化的基础，在一定程度上实现了音频流的结构化，为在更高语义层次上实现音频内容结构化提供了基础。音频的自动分类，可直接应用于相似类别的音频检索，即把归为同一类的音频作为检索结果。作为检索的一个辅助手段时，分类的作用首先相当于建立层次索引，能够增强音频检索的时效性；其次，不同类型的音频信号不同的特征，对不同类型的音频区分对待，有利于提高检索的准确性；最后，用户可以根据自身的需要来检索某一类型的音频。

分类与分段是相辅相成的。分类可以在分段之前，进行音频的短时分析，确定每一帧的类别，得到一个类别序列，并在此基础上进行分段；分类也可以在分段之后，找到音频特征跳变点，作为段落的边界，再判断音频片段类别。

音频分类的方法多种多样，模式识别中的分类方法都可以用于音频分类，常见的分类器的构造方法大致可以分为如下三类。

（1）基于规则的音频分类方法。此类方法的基本思想为：选取一组可以用来识别某类音频的合适的特征，然后设定该特征的一个阈值，根据事先约定的规则，用实际计算的特征值与阈值进行比较，以此来实现音频类别的识别。在这种分类方法中，分类器是一些启发式规则，分类器的训练过程实际上是人通过对特征的分析来确定分类规则的过程。按照不同音频类型在一些特征方面的不同特点来对音频进行分类，即每一步根据一种或者几种音频特征及其阈值判定音频所属的类别。

（2）最小距离音频分类方法。在模式识别中，最小距离分类法是非常简单且很常用的技术。它利用模板匹配的思想，为每一个音频类型建立一个模板，然后计算实际音频帧的特征向量，用特征向量匹配模板向量（通常是计算它们在向量空间中的距离），来识别音频类型。在音频分类中应用到的最小距离分类法有最近特征线方法、k 近邻方法和模板匹配法等。

（3）基于统计学习理论的音频分类方法。统计学习理论的核心问题是寻找一种归纳原则以实现最小化风险泛函，从而实现最佳的推广能力。基于统计学习的音频分类中不存在阈值，其基本原理为：首先，对一系列类别已知的音频信号，通过信号特征的提取和分析形成各类音频的参考模式。然后，输入类别未知的音频信号，提取它们的特征构成未知的音频信号的模式，将其与各已知类别信号的参考模式逐一进行比较，以判定未知的音频信号的类别。统计学习方法要求事先给出一批带有类别标记的训练样本，通过有指导的学习训练生成分类器，进而对测试的待分类样本进行测试以衡量其分类性能。比较典型的基于统计学习的音频分类方法包括隐马尔科夫模型、高斯混合模型、支持向量机、人工神经网络以及决策树等。

4. 音频检索

音频检索一般采用相似性检索的方法，即计算音频特征的距离。距离可以采用欧几里得距离、对称相对熵或其他相应的距离定义。基于内容的音频检索最简单的方法是使用查询和存储的音频片段，进行样本与样本之间的直接比较。

4.3 数字内容检索的交互

在检索的交互过程中，用户根据自身需求确定相关的查询输入，而检索系统则根据用户的输入，查询相关数据库，返回查询结果，并给予多个主题的搜索提示，用户可对查询结果进行筛选，或动态修改查询输入，进行多次检索。交互式的检索通过与用户交互，尝试理解用户的查询意图，从而使查询结果更符合用户要求。图 4-7 为交互式图像检索系统结构。

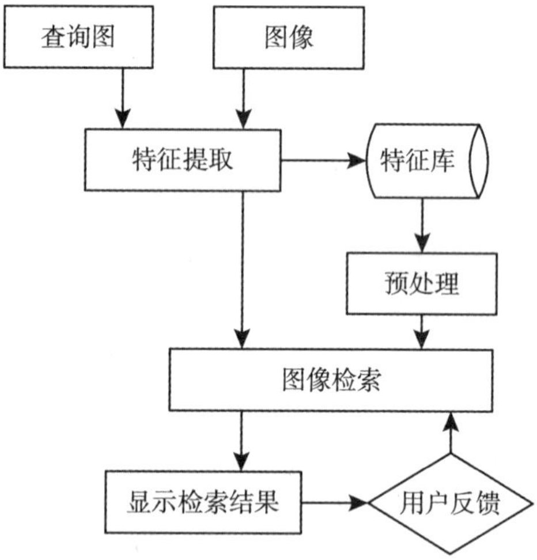

图 4-7　交互式图像检索系统结构

4.3.1 数字内容检索的交互模式

数字内容检索的交互模式可以分为短期学习交互和长期学习交互。基于短期学习交互，是一种通过调整特征权重为途径的相关反馈方法。以图像检索为例，通过动态地调整图像特征的权重来达到改进检索结果的目的。该方法无须将图像的特征向量转变为权重向量，而是首先由归一化操作来统一不同特征的重要性（权重），然后根据相关反馈动态地调整它们的权重以改善检索精度。短期学习交互大体可以分为四个阶段：根据启发式思想进行检索样本与参数的调整；使用全局优化方法进行的查询参数优化；基于密度估计的相关反馈方法；使用各种机器学习方法（如 SVM 等）的目标分布估计。

长期学习的共同任务是把每次查询中用户反馈的信息存储起来并加以利用，修正检索模型，以提高后续检索的精度。各种长期学习方法的特点又有所不同，可以分为基于优化收敛速度的前期学习、结合具体相关反馈的中期学习和基于语义限制的后期学习等多个阶段。

4.3.2 相关反馈

相关反馈技术首先是在文本检索领域提出的。在文本检索中，由于用户通常不能准确地给出查询表达以及特征与语义间存在的间隔，初始的检索结果通常不能让用户满意。于是，用户通过不断地修改查询表达以期得到更好的检索结果，这被称为查询优化（Query Reformulation）。相关反馈技术代替用户来优化查询，用户只需要查看检索结果并判断它们与用户信息需求是否相关或相关的程度，系统根据用户反馈来构造更好的查询表达或修改检索策略中的参数，以更好地把握用户的信息需求。

相关反馈随后被引入图像检索，意义主要有以下三点：①解除用户的负担。在查询提交阶段，不再需要由用户指定精确的权值，用户只需和系统交互作用，在系统返回的检索结果中指出他所认为的与查询相关或不相关的图像，根据用户的反馈，系统能够动态调整查询向量或特征权值等以改进检索结果。②解除计算机的负担。不再需要依赖计算机去理解高层语义，而是根据用户反馈，系统通过学习自动改进检索结果。③可以将用户以往检索的历史信息记录下来，以帮助系统估计用户期望的检索图像。

1. 相关反馈的交互过程

检索中的相关反馈过程如下：

（1）用户通过例子（Example）、关键字（Keyword）等方式给出查询，系统返回初始的检索结果。

（2）用户对当前显示的检索数据结果，根据自己的信息需求给出它们是否相关或相关程度的判断。

（3）系统根据用户的反馈进行学习，返回新的检索结果，返回步骤 2 或结束。

在相关反馈中，用户相关判断的度量方式和反馈中的用户模式是两个重要的环节，它们决定了用户与系统交互过程的基本特征，并在很大程度上影响了相关反馈算法的设计。

2. 用户相关判断的度量方式

在目前的相关反馈方案中，度量用户相关判断一般采用二值相关尺度或多级相关尺度的方式。多数的相关反馈方案都采用二值相关尺度（Relevance Scale）——相关或不相关，来度量用户的相关判断。一些研究人员也认识到采用有多个相关级别（Relevance Level）的相关尺度能更好地反映用户的偏好。

3. 反馈中的用户模式

按照在相关反馈过程中用户的参与方式，可以区分两种用户模式：“贪婪的”和“合作的”。

目前大多数相关反馈的方案采用贪婪的用户模式。它假设用户是贪婪和没有耐心的，可能在交互过程中随时结束查询过程，因此期望在每轮反馈后系统都给出尽可能好的结果。相应地，系统每次把通过当前学习认为最可能与查询相关的（Most-positive）结果返回给用户，这样用户在每轮反馈后就能得到当时系统所能给出的最好结果。

相反地，如果用户积极合作，愿意在看到最后结果之前进行更多轮的反馈，系统就可以做别的选择，比如在每轮返回那些一旦被用户标记就能获得最有价值的反馈信息。这样就得到另一种相关反馈方式，在用户结束整个查询前，系统在每轮用户反馈后返回那些最能提供信息（Most-informative）的结果；在用户结束整个查询时，才把通过学习认为是最可能相关的信息返回给用户。这种用户模式被称为合作的（Cooperative）用户模式。

4.3.3　数字内容检索交互的应用

迄今为止，人机交互接口的发展大体上经历了 4 个阶段，即可分为四代。第一代是基于键盘和字符显示器的交互阶段，第二代是基于鼠标和图形显示器的交互阶段，第三代是基于多媒体技术的交互阶段，第四代是基于多模态（Multimodal）技术的交互阶段。人机交互接口的发展如表 4-1 所示。

表 4-1　　**人机交互接口的发展**

	交互手段	交互内容
第一代	键盘、字符显示屏幕	文字、数字、符号、键控命令
第二代	鼠标、图形显示屏幕	字符、图形、图像
第三代	多媒体输入（话筒、摄像头）、喇叭、头盔显示器（HMD）	声音、图像、语音
第四代	多模式感知输入、Agent、三维虚拟环境、自动知识获取	自然对话、手势表情、个性化检索服务

近年来，随着虚拟现实、计算机视觉、三维可视化、语音处理及图像处理等技术的发展，形成了一个新的研究领域——多模态人机交互。多模态人机交互涉及计算机视觉、心理学、人工智能等众多研究领域。多模态人机交互以用户为中心，融合了多种媒体、多种通道，利用多个输入模态，以自然、并行、协作的方式进行人机对话。多模态人机交互通过整合各种精确的和不精确的输入来表达用户的交互意图，从而提高人机交互的自然性和高效性。人们通常使用语音、身体语言（姿势、注视、手运动）来表达自己的情感、情绪、态度和注意力。

目前，常用的多模态交互技术有：人脸检测（Face Detection）、人脸识别（Face Recognition）、面部表情分析（Facial Expression Analysis）、声音情感（Vocal Emotion）、手势识别（Gesture Recognition）、人体运动分析（Human Motion Analysis）和人眼跟踪（Eye Tracking）等。多模态人机交互结构如图 4-8 所示。

输入模态由两部分构成：人类感知（视觉、听觉、触觉、嗅觉、味觉等）和计算机输入设备（鼠标、键盘等）。视觉模态包括人机交互中用视觉信息进行表达的各种形

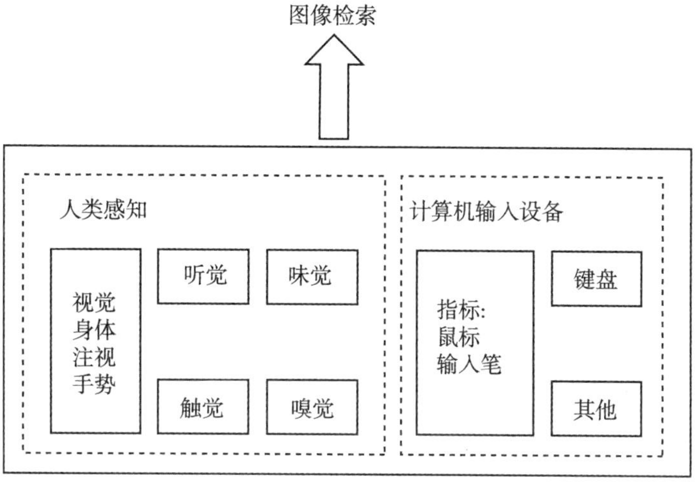

图 4-8　多模态人机交互结构框图

式。听觉模态指的是交互采用的可听形式（包括多语言输入）。使用多模态技术可以构造多种接口，其中最重要的是感知接口（Perception Interface）和注意力接口（Attention Interface）。

感知接口应是一个能够与计算机进行丰富、自然、高效交互的多模态接口。感知接口对那些不灵活的标准接口以及通用 I/O 设备，如键盘、鼠标和显示屏，提供了感觉（输入）和描述（输出）方面的支持。

注意力接口是一种上下文感知接口，其输入是人的注意力，通过使用收集到的信息，估计出与用户交流的最佳时间和方法。

1. 人眼跟踪交互

目前，人眼跟踪技术已经得到了广泛的应用。在图像检索中，利用人眼跟踪技术，通过用户注视行为，得到用户对信息的注意力，可以实现图像区域之间的相似度的快速传递。这种基于人眼跟踪的交互技术为图像检索提供了一个自然快速的交互接口。最常用的人眼跟踪技术是瞳孔中心角膜反射技术（Pupil Centre Corneal Reflection，简称 PCCR）。PCCR 技术的原理是通过物理追踪设备的摄像头捕捉，光源对瞳孔照射形成高度可见反射的图像，这些图像将被用于确定光源在角膜和瞳孔中的反射情况，最后通过对角膜、瞳孔反射形成向量夹角与其他几何特征计算，得出人眼注视的方向。PCCR 技术主要利用照明系统、相机、图像检测处理单元等组件，并采用精确的 3D 物理模型与凝视映射算法。主要的工作模式是通过传感器来捕捉近红外在眼角膜和瞳孔反射模式和图像，接着运用算法精确估计出人眼在空间的位置与凝视的点，最后反馈到电脑系统中，从而进行图像检索。这种方法的好处在于可以直接客观地获取用户的兴趣，有利于实现以用户为中心的图像检索，即实现个性化图像检索。

2. 组合语音和触摸的交互

图 4-9 所示是一种交互式图像检索系统，它采用触摸和自然语言来表明用户的感兴趣

要求。如图 4-9（a）所示，用户首先找到含有感兴趣对象的图像，然后通过组合语音与触摸技术等来标记兴趣对象，作为检索输入。图 4-9（b）所示的是这种方法的人机接口，提供了话筒、鼠标和触摸多模态交互方式。

(a)语音触摸交互　　(b)人机接口

图 4-9　采用组合语音和触摸技术的交互式图像检索系统

3. 手势交互

在图像检索中，通过识别用户的直接手势指示，可以获取用户感兴趣的真实物体，实时提取图像特征，并进行检索。这种检索方式使用真实场景中的物体作为检索输入，交互的方式友好、直接，但是需要进行手势识别等处理。

4.4　数字内容检索应用

1. 知识产权保护

数字内容检索是知识产权保护的重要技术之一。许多知识产权的载体都是图像，最明显的是商标和艺术作品。为了防止侵权，需要通过严格的商标审查程序来确认新申请的候选商标是否与已注册商标过分相似。专用文字描述的近似审查可以通过各种字符串匹配和变换算法实现，利用基于内容的图像检索技术实现商标的专用图形标记的自动审查具有重要意义。

2. 新一代网上搜索和数字图书馆

新一代网上搜索引擎应该具有协助用户从海量而且无序的网上图像资源中寻找符合要求的图像的能力。除了对图像内容的分析外，基于 Web 的图像搜索引擎还要提供友好的查询界面和快速的联机反应能力。

当前百度、Google 等搜索引擎，不仅可以通过关键字进行图像搜索，也能实现“以图搜图”。图 4-10 即为百度的“以图搜图”。

3. 医学和遥感图像的分析和处理

尽管传统的图像处理领域早就开始涉足医学和遥感图像的分析和处理的研究，但它们仍然是一个开放的研究课题，无论是民用还是军事，医学和遥感图像的分析和处理都具有非常重大的现实意义。特别当图像规模增加时，准确有效的图像分析手段以及快速的图像

图 4-10 新一代网上搜索

识别和检索技术将凸显其重要性。

美国 Purdue 大学开发的 ASSERT 系统，针对胸 CT 图像局部病灶（PBR，Pathology Bearing Region）特征来建立相似性准则，与单纯利用图像颜色、形状、纹理等全局特征建立相似性准则相比具有较好的检索效果。

4. 犯罪与安全预防

当将图像的内容限制在特定领域时，图像检索技术将找到更为具体的应用。例如，安全部门可以将人的主要特征（如指纹和脸部）的图像存储在数据库中，通过指纹识别和人脸识别就有可能从大量的指纹库或者人脸库中自动识别出特定的目标。毫无疑问，这具有重大的社会价值。互联网的飞速发展也带来另外一个负面的影响，即网上不健康内容的大量增加，特别是一些低级趣味的图片。在某些情况下可能需要对这些信息进行过滤。图像检索技术完全可以应用到类似的具有图像过滤需求的应用中。

5. 个人媒体信息管理

随着移动设备拍照、音视频分享网站、手机社交应用程序的普及，用户每天都产生海量图像和音视频数据。目前市场上有许多个人数字图像及视频应用程序，大部分应用程序是基于照片或视频的元数据（比如拍摄时间，用户标注，拍摄时的地理坐标等）组织，即根据元数据属性把信息组织到一起。如常用的移动端相片管理应用，大多提供了按拍摄时间、地点等元数据，以及用户自定义的照片组织方法，如图 4-11 所示。

6. 音乐检索

音乐检索是内容音频检索最常见和最有发展前景的应用之一，目前已经有很多非常成熟的系统。比如在移动平台上最常见到的乐曲识别软件有音乐雷达 Shazam 和 Track ID。这两个软件都是通过移动设备的话筒录制一小段音乐样例，接着提取相应的音频特征以及编码压缩，通过网络提交到网络音乐库服务器，通过与服务器中的库音乐进行特征比对，找到相应的音乐曲目后再通过网络把歌曲的歌唱者、专辑等信息发送到用户的移动终端，具有较高的识别率。在国内，科大讯飞占据了中国智能语音技术的绝大部分市场，不论是

图 4-11　个人相册管理应用：photos

智能语音技术，还是语音识别、中文语音合成或是口语评测技术，它都处于世界领先地位。

除此以外，基于内容的检索技术还可以应用到设计（时装、装潢和结构）、远程教育等方面。

4.5　典型的数字内容检索系统

4.5.1　图像检索系统

图片购物搜索系统。国内多家网站提供图片购物搜索服务，例如淘宝网。图片购物搜索系统除了能够根据用户上传的图片，基于视觉计算呈现与之相关的商品之外，有些系统还能利用视觉搜索技术，提供导购服务，即用户在购物过程中，无须输入文字信息，而是通过点击图片，挑选自己中意的款式和样式，一步步找到最满意的商品。

Google 图片搜索系统。运用 Google 类似图片搜索功能引擎，输入一个关键词后，返回的页面里面点击某个图片的下面的 Similar Images，即刻为用户把类似的图片全部搜索出来，并展示给用户以便查看，其准确率、相似率相对较高。

TinEye 图片搜索。Tineye 是加拿大 Idée 公司研发的相似图片搜索引擎，世界上第一个使用特有图片识别技术的在线反向图片搜索引擎。Tineye 是典型的以图找图搜索引擎，输入本地硬盘上的图片或者输入图片网址，即可自动搜索相似图片，搜索准确度相对来说还比较令人满意。TinEye 主要用途有几个方面：发现图片的来源与相关信息；研究追踪图片信息在互联网的传播；找到高分辨率版本的图片；搜索包含所输入照片的网页；观看这张图片的不同版本。

4.5.2 视频检索系统

海康威视智能视频检索系统。海康威视智能视频监控检索关注的人数据以视频为主，主要目的是定位查找某个事件的起因和关联的发展过程，事件的关键信息数据包含：时间、地点、主导事件的人或物、图像和声音信息。它利用了视频分割、自动数字化、语音识别、镜头检测、关键帧抽取、内容自动关联、视频结构化等技术，以图像处理、模式识别、计算机视觉、图像理解等领域的知识为基础，通过自动化的智能分析预处理，将杂乱无章、毫无逻辑的监控视频内容（运动目标、行人、车辆）进行梳理，自动获取视频内事件及目标的关键信息，并根据这些信息生成视频内容及索引。

美图短视频分析与检索系统。系统利用 AI 技术构建了一个多媒体内容分析和检索的平台，包括信息捕获、编辑和处理，例如剪辑、滤镜美化、风格转化、背景分割；而后进行信息提取，如物体识别、场景检测、人物分析、行为识别、主题提取、事件检测。在信息特征提取的基础上进行视频的检索。

VENUS 视频服务平台。VENUS 是由阿里巴巴 iDST 和阿里视频云一同打造的视频服务平台。这是一个智能分析与计算平台，打造以视频为入口的平台服务。该系统有以下三大服务：视频内容理解服务，视频内容理解服务具备很多核心优势，除了包括多模态分析，还有完善的标签体系和稳定成熟的应用；视频指纹服务，该服务的业务场景非常明确，包括用于视频去重业务场景，版权保护和原创认证（防止侵权，鼓励 PGC 原创性，分成系统），安全审核（通过黑名单库来做视频安全审核）；视频智能编辑服务，涵盖了智能封面图、视频摘要、视频 Highlight、GIF、视频切换化等多项产品功能，用户上传了一个视频后，所有编辑需求都可以一次性完成。

4.5.3 音频检索系统

音频信息检索可以分为语音、音乐和波形声音 3 种类型，对应类型的检索系统均不相同，较为有代表性的主要有以下几种。

听吧。以语音为中心的检索，采用语音识别等处理技术，对电台节目、电话交谈、会议录音等进行检索，主要以字段形式进行实现检索的目的。

Google、百度音乐检索。以音乐为中心的检索，利用音乐的音符和旋律等音乐特性来检索，例如检索乐器、声乐作品等。

Muscle Fish。是由美国 Muscle Fish 公司推出的基于内容的音频信息检索的较为完整的原型系统，对音频的检索和分类具有较高的准确率。它是以波形声音为对象的检索，用声学特征进行检索，音频可以是汽车发动机声音、雨声、鸟叫等各种声音，也可以是语音和音乐等。

思考题

1. 数字内容检索和信息检索的区别是什么？
2. 数字内容检索的方法有哪些？
3. 相关反馈有哪几种类型？分别介绍这几种类型。
4. 数字内容检索的应用有哪些？

第 5 章　数字内容的储存与迁移

内容存储是数字内容管理的基础，存储系统是内容管理的重要基石，涉及多种存储介质、存储接口及存储结构。为了保障所存储的海量媒体数据的安全性，存储管理必须提供数据的手动和自动的归档、备份等容灾手段，并通过适当的恢复策略再现数据。本章将围绕数字内容的储存方式、备份方式和内容迁移展开讨论。

5.1　数字内容的存储介质

电子出版、影视传播媒体等行业存在巨大的音视频信息的制作、管理、保存和应用的需求，使得数字内容要求存储载体能够满足快速增长的存储容量、高数据传输率、检索方便、可重复使用等要求。目前应用非常广泛的高容量、高速度的多媒体存储系统包括磁盘及磁盘阵列、光盘及光盘库、数据流磁带及磁带库等。

5.1.1　磁带

1. 磁带

磁带（Magnetic Type）是一种柔软的带状磁性记录介质，基本原理是利用磁记录技术来保存数据。磁带存储是早期的主要存储技术之一。如今的磁带驱动器能够容纳几十 TB 甚至几百 TB 数据的磁带。其优势是本低，技术成熟，可靠性高，标准化程度高，互换性好，可以较低的费用提供高度完整的、较高速度的、独立于系统的、大容量的数据存储与利用。问题是主要采取线性读取或写入的方式，不便于操作，且速度相对较慢。因此，其更常用于备份或归档目的，而不是在线存储。

2. 存储技术原理

（1）螺旋扫描读写技术。螺旋扫描读写的方式与录像机基本相似，磁带缠绕住磁鼓的大部分，并水平低速前进，而磁鼓在磁带读写过程中反向高速旋转，安装在磁鼓表面的磁头在旋转过程中完成数据的存取读写工作。磁头在读写过程中与磁带保持 15°倾角，磁道在磁带上以 75°倾角平行排列。采用这种读写技术在同样磁带面积上可以获得更多的数据通道，充分利用了磁带的有效存储空间，因而拥有较高的数据存取密度。

（2）线性记录读写技术。线性记录读写的方式与录音机基本相同，平行于磁头的高速运动的磁带掠过静止的磁头，进行数据记录或读出操作。这种技术可使驱动系统设计简单，读写速度较低，但由于数据在磁带上的记录轨迹与磁带两边平行，数据存储利用率较低。为了有效提高磁带的利用率和读写速度，人们研制出了多磁头平行读写方式，提高了磁带的记录密度和传输速率，但是驱动器的设计却变得极为复杂，成本也随之增加。

（3）数字线性磁带技术。数字线性磁带技术（Digital Linear Tape Technology，DLT）是一种先进的存储技术标准，包括 12 英寸磁带、线性记录方式、专利磁带导入装置和角磁带盒等关键技术。利用 DLT 技术的磁带机，在带长为 1828 英尺、带宽为 1/2 英寸的磁带上具有 128 个磁道，使单磁带未压缩容量可高达 20GB，压缩后容量可增加一倍。

（4）线性开放式磁带技术。线性开放式磁带技术（Linear tape-open Technology，LTO）是由 IBM、HP、Seagate 三大存储设备制造公司共同支持的高新磁带处理技术，它可以极大地提高磁带备份数据量。LTO 磁带可将磁带的容量提高到 100GB，如果经过压缩可达到 200GB。LTO 技术不仅可以增加磁带的信道密度，还能对磁头和伺服结构进行全面改进，其采用了先进的磁道伺服跟踪系统来有效地监视和控制磁头的精确定位，防止相邻磁道的误写，达到提高磁道密度的目的。

3. 磁带库管理磁带存储

磁带驱动器就像磁盘驱动器一样，可以通过简单地添加设备来扩展容量。虽然磁盘驱动器可能被组合成一个阵列或多个阵列，但磁带系统也可以通过简单地为每个驱动器使用多个磁带来扩展容量。

磁带库系统将一个或多个磁带驱动器与多个磁带的存储插槽相结合，可根据需要加载磁带以写入数据或读取以前存储的数据。使用盒式磁带本身上的条形码或 RFID 标签识别单个磁带盒，并且通过自动化机构，根据需要将磁带加载到磁带驱动器中，然后在不使用时移除它们，将其放入库中的存储槽中。

磁带库有多种尺寸，如可以容纳 8 个或 16 个磁带盒的 2U 机架式系统，以及可以使用 Spectra Logic 的 TFinity，它占用三个数据中心机架，并可以扩展到 40 帧甚至 44 帧，包含超过 5 万个磁带盒，其总存储容量为 1. 6EB 字节。

5. 1. 2　磁盘及磁盘阵列

1. 磁盘及磁盘阵列

磁盘（Magnetic Disk）是利用磁记录技术在涂有磁记录介质的旋转圆盘上进行数据存储的存储介质，具有存储容量大、数据传输率高、存储数据可长期保存等优点。

RAID（Redundant Array of Independent Disks，独立磁盘冗余阵列）是一种把多块独立的硬盘（物理硬盘）按照不同方式组织起来形成一个硬盘组（逻辑硬盘），如图 5-1 所示，从而提供比单个硬盘性能更高的存储技术。

2. 存储原理

RAID 最初的概念是以低花费的磁盘阵列来取代昂贵的高性能设备 . 并且达到与并行存取相近的性能。其工作特点为：

（1）将一组磁盘驱动器用某种逻辑方式联系起来，作为逻辑上的一个磁盘驱动器来使用，大幅度提高了存储容量。

（2）RAID 通过阵列控制器来管理数据的存储和读取，支持多用户并发读写，能够在多个磁盘上并行存取数据，从而大大提高了存储系统的数据传输率。

（3）由于采用了纠错校验技术和关键部件的冗余配置。RAID 提供了比一般磁盘存储

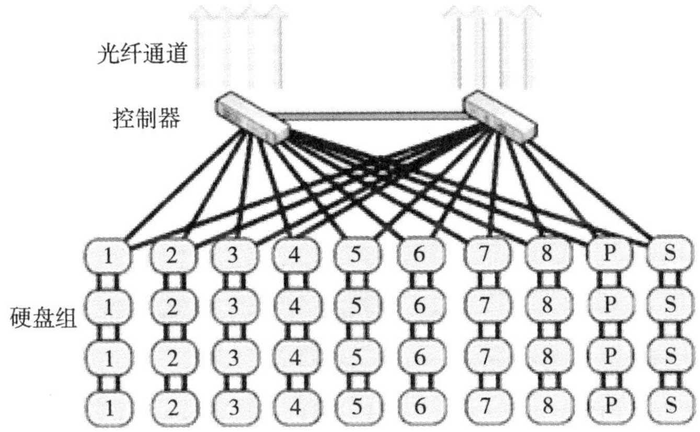

图 5-1 硬盘阵列存储系统

更高的数据完整性和可靠性。磁盘阵列的以上工作特点使其成为大型多媒体数据存储常用的工作介质。

RAID 可以通过硬件和软件两种方式来实现。基于硬件的 RAID 是利用硬件 RAID 适配卡（简称 RAID 卡）来实现的。RAID 卡上集成了处理器。能够独立于主机对 RAID 存储子系统进行控制。因为拥有自己独立的处理器和存储器，RAID 卡可以自己计算奇偶校验信息并完成文件定位，减少了对主机 CPU 运算时间的占用，提高了数据并行传输速度。软件 RAID 包含在操作系统中，RAID 功能完全用软件方式，由系统的核心磁盘代码来实现。

一般常用的 RAID 级别，分别是 RAID 0、RAID1、RAID 2、RAID 3、RAID 4 以及 RAID 5，再加上二合一型 RAID 0+1［或称 RAID 10］。其中 RAID 3 以其优越的写入性能，特别适合用在大型、连续性档案写入为主的应用，例如绘图、影像、视频编辑、多媒体、数据仓储、高速数据撷取等。

3. RAID 条切存取模式

在使用数据条切（Data Stripping）的 RAID 系统之中，对成员磁盘驱动器的存取方式，可分为两种：并行存取（Paralleled Access）和独立存取（Independent Access）。其中 RAID 2 和 RAID 3 是采取并行存取模式，RAID 0、RAID 4、RAID 5 及 RAID 6 则是采用独立存取模式。

并行存取模式是把所有磁盘驱动器的主轴马达作精密的控制，使每个磁盘的位置都彼此同步，然后对每一个磁盘驱动器作一个很短的 I/O 数据传送。如此一来，从主机来的每一个 I/O 指令，都平均分布到每一个磁盘驱动器。并行存取 RAID 架构，以其精细的马达控制和分布式数据传输，将数组中每一个磁盘驱动器的性能发挥到最大，同时充分利用 Storage Bus 的频宽，因此特别适合在大型、数据连续的档案存取应用场景。例如：影像、视频档案服务器、数据仓储系统、多媒体数据库、电子图书馆、印前或底片输出档案服务器和其他大型且连续性档案服务器。

独立存取模式并不对成员磁盘驱动器作同步转动控制，其对每个磁盘驱动器的存取，都是独立且没有顺序和时间间隔的限制，同时每笔传输的数据量都比较大。由于独立存取模式可以同时接受多个 I/O 请求，因此特别适合应用在数据存取频繁、每笔数据量较小的系统。例如：在线交易系统或电子商务应用、多使用者数据库、ERM 及 MRP 系统、小文件的文件服务器。

5.1.3　光盘和光盘库

1. 光盘和光盘库。光盘（Optical Disk）是用激光读写信息的光学存储介质，主要由保护层、反射激光的反射层、刻槽和聚碳酸酯衬垫组成，具有非接触式读写、存储寿命长、可靠性高、携带方便、数据交换方便等优点。

光盘可分为 CD（Compact Disc）、DVD（Digital Versatile Disc）、蓝光盘（Blue-ray Disk，简称 BD）等几种形式。这几种类型的光盘，在结构上有所区别，但主要结构原理是一致的。CD-ROM 是最早使用的一种只读光盘，直径为 12cm。DVD 是数字多功能光盘的简称，是 CD 光盘高密度化的产物，它的几何尺寸与普通 CD 相同，但容量却是其 8 到 15 倍。蓝光光碟是 DVD 之后的下一代光盘格式之一，用以存储高品质的影音以及高容量的数据存储。蓝光光碟的命名是由于其采用波长 405 纳米（nm）的蓝色激光光束来进行读写操作（DVD 采用 650 纳米波长的红光读写器，CD 则是采用 780 纳米波长）。一般单面的 CD 容量只有 700MB 左右，而单面 DVD 则可以达到 4.7GB，而蓝光光盘更是可以达到 25GB。

光盘库实际上是一种可存放几十张或几百张光盘并带有机械臂和一个光盘驱动器的光盘柜。光盘和光盘库如图 5-2 所示。光盘库也叫自动换盘机，它利用机械手从机柜中选出一张光盘送到驱动器读写。它的库容量极大，机柜中可放几十片甚至上百片光盘片，这种有巨大联机容量的设备非常适用于图书馆一类的信息检索中心，尤其是交互式光盘系统、数字化图书馆系统、实时资料档案中心系统和卡拉 OK 自动点播系统等。光盘库的特点是：安装简单、使用方便，并支持几乎所有的常见网络操作系统及各种常用通信协议。由于光盘库普遍使用的是标准 EIDE 光驱（或标准 5 片式换片机），所以维护更换与管理非常容易，同时还降低了成本和价格。又因光盘库普遍内置有高性能处理器、高速缓存器、快速闪存、动态存取内存、网络控制器等智能部件，使得其信息处理能力更强。

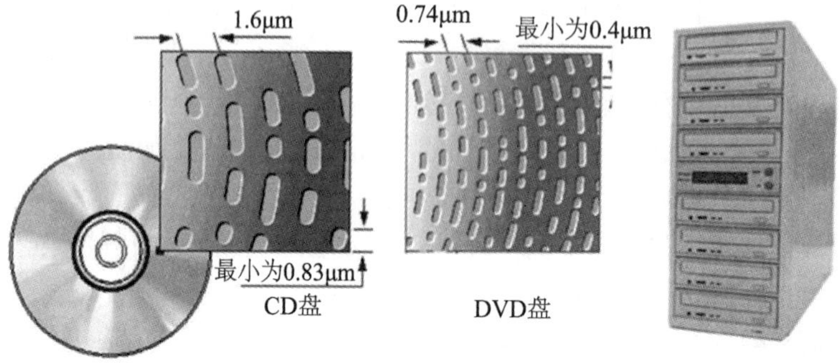

图 5-2　光盘和光盘库

2. 存储原理

(1) 光存储。光存储技术主要是利用激光存储信息资源的新型存储技术，它主要利用聚焦成直径在 1μm 以下的激光束，在光盘表面的低熔点金属膜上逐点打微孔，以实现信息的高密度储存。

(2) 光盘共享技术。以 CD-ROM 为例，光盘共享技术及设备，通过网络实现 CD-ROM 光盘共享的设备共有三种：光盘塔、光盘库和光盘镜服务器。这三种设备是不同时期出现的典型光盘共享设备。

光盘塔（CD-ROM Tower）是由多个 SCSI 接口的 CD-ROM 驱动器串联而成的，光盘预先放置在 CD-ROM 驱动器中，事实上相当于多个 CD-ROM 驱动器的“堆砌”。光盘塔一次可共享的 CD-ROM 光盘的数量与其所拥有的 CD-ROM 驱动器数量相等。用户访问光盘塔时直接访问 CD-ROM 驱动器中的光盘，访问速度较之光盘库稍快。

光盘库（CD-ROM Jukebox）的设计思路是由投币式点唱机而来。它是一种带有自动换盘机构（机械手）的光盘网络共享设备。光盘库一般配置有 1—12 台 CD-ROM 驱动器，可容纳 50—600 片 CD-ROM 光盘。用户访问光盘库时，自动换盘机构首先将已放在 CD-ROM 中的光盘取出并放置到盘架上的指定位置，然后再从盘架中取出用户所需的 CD-ROM 光盘，并将此光盘送入 CD-ROM 驱动器中。由于自动换盘机构的换盘时间通常在秒量级，因此光盘库的访问速度是三种光盘共享设备中最慢的。

光盘镜像服务器（CD-ROM Mirror Server）与文件服务器或打印服务器一样，光盘镜像服务器是一种“瘦服务器”。它采用硬盘高速缓存技术，将整张光盘的内容存储（镜像）到硬盘中。这样，用户就可以以硬盘的速度来共享服务器中的镜像光盘。

目前广泛使用的存储设备磁盘阵列、光盘库、光盘镜像服务器等。磁盘阵列和光盘镜像服务器都是基于硬盘的存储设备，优点在于存取速度快，可支持的并发请求数量多；缺点在于容量相对小，如要达到光盘库的容量，那么硬盘的价格将是天文数字，硬盘的损坏几率较高，抗震动能力差，要交换数据时必须用其他介质进行备份后才易于携带，数据容易被篡改，硬盘的寿命较短，一般 3 到 5 年。光盘库的缺点在于并发响应能力不及磁盘阵列，但优点也是明显的，容量大且易于扩充，价格低廉易于推广，盘片介质的安全性高（蓝光或者 CD-R 或 DVD-R 盘片刻录后不可改写），盘片的保存期可长达百年，防霉防蛀，携带异常方便，如盘库内置驱动器数量增加、外置磁盘上建立高速缓存，光盘库的响应能力也可达到很高的水平，同时对于制作光盘相当简便。

5.2 数字内容的存储方式

5.2.1 数字内容的组织方式

数字内容的类型十分多样，归根结底可以发现，数字内容的数据组织方式通常有两种，分别是文件库方式和数据库方式。

1. 文件库方式

(1) 文件。文件是一种计算机系统内常见的信息组织方式。文件组织信息的优点是简单方便，除文本信息外，还适用于存储程序、图形、图像、图表、音频和视频等非结构化信息或多媒体信息。文件的格式多种多样，如文本文件有 DOC 格式和 PDF 格式；图形文件有 JPG 格式和 GIF 格式；声音文件 MP3 格式；视频文件 AVI 格式等。有些文件格式是跨平台的，可以在 Windows 和 UNIX 平台中使用，如 XML 格式。有些文件格式则是不跨平台的，只能在特定的平台中使用，如 FLV 格式。

（2）文件库。作为最基本的内容存在形式，很多非结构化数字内容都以文件的形式存在，如数字图像文件、数字音频文件和数字视频文件等。很多情况下，这些非结构化数字文件都是以文件库的形式存在的。

文件库不同于数据库，它依赖于计算机操作系统，直接把文件存放在磁盘目录中或在特定的文件管理软件中，这种文件管理软件通常也是把文件直接存储在计算机磁盘上，然后管理文件的索引。

文件库是最简单的数字内容管理模式，相对于数据库来说，文件库管理功能较少，难以实现高级的管理功能，但是读取速度较快。例如，在很多网络服务器上，为了加快网页加载速度，很多网络服务器会把数字内容从数据库预先读取出来，生成静态页面，然后按照一个个独立文件存放在文件库中，以便于服务器读取。

文件管理系统是有效的管理数据资料的服务系统，随着信息化的发展而不断地变化。从最开始简单的携带纸质文档，到携带 U 盘、硬盘等电子文档，到如今方便快捷的网络硬盘，人们管理文件的方式发生了翻天覆地的变化。文件管理系统在国内外发展已有了很多年，目前最前沿的是基于云存储服务而开发的网络硬盘管理系统，主要有个人网盘、企业网盘。

2. 数据库方式

数据库是将要处理的数据经过合理分类和规范化处理之后，以记录的形式存储在计算机中，用户通过关键词及组配查询，就可以找到所需信息线索，这是对大量的规范化数据进行管理的技术。数据库可以分为关系数据库、非结构化数据库、数据仓库三种类型，其各自的信息组织特点如下。

（1）关系数据库。关系数据库是通过引入数学领域的关系模型、关系代数和关系演算，以关系概念为基础发展起来的，在处理文本数据、管理事务等方面奠定了自己的优势。在信息存储方面，关系数据库以二维表的方式管理数据。所以对用户而言，关系数据库就是二维表，一个对象即为一行，而其属性就是一列，数据组织形式直观明了。但是关系数据库对于数据量太大的检索效果不理想，同时由于采用整个数据项的内容为单位的索引方式，不能满足一些更深层次的索引要求，所以很难处理网络中的非结构数据，如音频、视频、网页等。

（2）非结构化数据库。非结构化数据库中的资源可以同时包含结构化的和非结构化的信息。与关系数据库相比，其最大区别在于突破了关系数据库结构定义不易改变数据定长的限制，支持重复字段、子字段以及变长字段，并实现了对变长数据和重复字段进行处理和数据项的变长存储管理。

（3）数据仓库。数据仓库是集成的面向主题的数据库集合，其中的数据是面向主题进行组织的，是在较高层次上对分析对象完整、一致的描述，能反映各个分析对象所涉及的数据以及数据之间的联系。数据仓库中数据的组织方式有虚拟存储、基于关系表的存储和多维数据库存储三种方式。

一般来说，数据仓库主要存储结构化数据内容，也就是数值型内容，而不是文本、图像、音频和视频。这类非结构化数字资产主要还是以文件库和数据库的方式集中存储。

5.2.2 存储网络和云存储

面对日益增长的数字信息存储需求，人们在以往的文件库和数据库数据组织方式的基础上，提出了存储网络、存储虚拟化技术以及云存储技术下的内容存储方式。

5.2.2.1 存储网络

存储网络技术包括三类：直接连接存储（Direct Attached Storage，DAS）、网络接入存储（Network Attached Storage，NAS）和存储区域网络（Storage Area Network，SAN）。

1. 直接连接存储

直接连接存储是一种传统的存储方式，已有近40年的历史。这种存储依赖服务器主机操作系统进行数据的I/O读写和存储维护管理，数据备份和恢复要求占用服务器主机资源（包括CPU、系统I/O等），数据流需要回流主机再到服务器连接着的磁带机（库），数据备份通常占用服务器主机资源的20%—30%，因此许多企业用户的日常数据备份常常在深夜或业务系统不繁忙时进行，以免影响正常业务系统的运行。直接连接式存储的数据量越大，备份和恢复的时间就越长，对服务器硬件的依赖性和影响就越大。

直接连接存储与服务器主机之间的连接通道通常采用SCSI连接，带宽为10MB/s、20MB/s、40MB/s、80MB/s等，随着服务器CPU的处理能力越来越强，存储硬盘空间越来越大，阵列的硬盘数量越来越多，SCSI通道将会成为I/O瓶颈。此外，服务器主机SCSI ID资源有限，能够建立的SCSI通道连接有限。

无论是直接连接存储还是服务器主机的扩展，从一台服务器扩展为多台服务器组成的群集（Cluster），或存储阵列容量的扩展，都会造成业务系统的停机，从而给企业带来经济损失，对于银行、电信、传媒等行业7×24小时服务的关键业务系统，这是不能接受的。并且直接连接存储或服务器主机的升级扩展，只能由原设备厂商提供，往往受原设备厂商限制。

2. 网络接入存储

网络接入存储是一种在存储设备端上提供基于现有的局域网、以太网之类的网络访问的文件级服务的网络存储技术。网络接入存储以网络为中心。该方案利用现有的以太网网络资源来接入专用的网络存储设备，而不是另外再部署昂贵的光纤交换机网络来连接传统的存储设备，使用户对以太网络的投入得到充分的利用。网络接入存储支持多种协议，包括TCP/IP、IPX/SPX等，同时也支持多种操作系统，包括Windows、NetWare、UNIX、IBM aix及Linux等。

NAS模式将文件系统放置于存储设备之上，故可以实现真正的实际共享。用户的数据只要保存一个拷贝，即可被前端的各种类型的主机所使用，因此，具备主机无关性。NAS服务器内置独立的优化存储操作系统，可及时准确地保护、恢复数据及进行无服务器的备份，十分有利于系统的安全与升级。即使网络服务器崩溃，用户仍然可以从NAS中读取数据。NAS产品独立于应用服务器，保证了系统具有较高的安全性和可靠性。NAS存储设备也容易安装，添加或设置存储设备可以不间断网络运行。网络接入存储还具有RAID功能和完全的文件服务器功能，只向客户端提供文件存取服务，减轻了网络主机的负担。随着千兆位局域网的普及发展，NAS在扩充性及易管理性方面明显优于RAID。

3. 存储区域网络

存储区域网络是指存储设备相互连接且与一台服务器或一个服务器群相连的网络。SAN突破了NAS的限制，是一种数据存储设备及服务器间通信的专用网，能够提供几乎所有无限制的信息交换能力。存储区域网上的服务器可以通过SAN直接访问存储设备，而无须通过局域网。

SAN基于一个极为简单的原则：任何一个服务器都可以与任何存储设备直接进行数据交换，而不受NAS体系结构的限制。SAN不仅可以容纳Web服务器、Extranet及Internet上的所有信息，还可以在一个中心节点上完成对所有数据的管理。一个完整的SAN通常包含存储设备（服务器、磁盘阵列或磁带库）、高速宽带网络通道（一般由光纤通道构成）、用于通道连接的共享式或交换式集线器和用于数据交换的路由器以及相应的应用软件。

由于存储设备直接连入SAN并且建立了一个可以使每台服务器都能够获得数据的存储池，所以SAN上的所有数据都可以进行集中管理，集中管理意味着较低的管理成本。从SAN的使用环境来看，SAN技术是直接连接存储模式的高级模式，也就是说它同样适用于需要直接连接存储的应用。

网络附加存储（Network Attached Storage，简称NAS），即直接连网存储。在NAS存储结构中，存储设备不再通过I/O总线附属于某个特定的服务器，而是直接通过网络接口（如以太网卡）连接到基于IP的网络中。NAS实际上是一个带有瘦服务器（Thin Server）的存储设备，一般安装有自己的操作系统，具有网络文件系统的功能。对数据的I/O请求首先通过文件I/O方式发送到NAS，NAS再将文件I/O转换成块I/O，发送到内部磁盘。

与DAS相比较，NAS具有经济、高速、方便的优势，具体表现在以下几个方面。

（1）扩展性好，支持跨平台使用。随着数据量的不断增加，只需要简单地搭接更多的NAS设备即可。NAS本身能够支持NFS、CIFS、FTP、HTTP等多种协议，可以处理来自网络上不同操作系统的请求，并实现跨平台的数据操作。

（2）具有较高性能。NAS提供数据共享、数据冗余保护和动态存储管理功能。无须通过网络服务器，便可直接处理来自网络上多个用户和多种不同操作系统的I/O请求，不仅响应快，而且数据传输速率高。另外NAS的物理位置非常灵活，可直接连接到网络中的任何地方，放置在对其访问频率最高的本地网段，从而进一步缩短用户的访问时间并提高网络吞吐量。

（3）即插即用，易于安装和管理。安装时无须关闭网络，只需将NAS设备通过集线器或交换机连接到TCP/IP网络，分配一个IP地址即可。

（4）成本较低。首先，NAS架构采用单网设计，系统管理员无须维护光纤交换网络，仅维护以太网络即可，从而降低了维护的成本；同时，客户端无须安装共享文件系统软件，直接通过 Windows 映射即可访问存储资源，系统管理员的维护半径进一步缩短。此外，由于 NAS 存储本身集成了文件系统，不需要增加存储管理服务器，从而既减少了设备投入，降低了成本，又简化了系统结构，提高了系统的稳定性。

NAS 的不足表现为：

①NAS 主要针对文件共享和文件备份等应用，不适合事务处理和数据库应用。

②依赖于 IP 网络提供的连接带宽，即使在 1000Mbps 以太网连接的条件下，仍无法为大量 I/O 请求提供满意的服务。因此，小型视频制作系统采用 NAS 架构比较适宜，而大中型视频节目制作系统适宜采用低延迟高带宽的 SAN 架构。

4. 存储区域网

存储区域网（Storage Area Net-work，简称 SAN）是独立于服务器网络系统之外、几乎拥有无限存储的高速存储网络。它以光纤通道作为传输媒体，数据通信通过 FCP（Fibre Channel Protocol）协议实现。

SAN 具有如下优点：

① 更强的数据传输和设备接入能力。SAN 具有高达 1Gbps 的数据传输带宽。可满足大多数用户的数据传输需求；SAN 主要通过光纤通道组网，因此可实现存储设备之间更大距离的互连，且在 SAN 连接的设备间作数据复制时，不会占用 LAN 的带宽资源。

② 更大的灵活性和无限的扩展性。所有服务器共享 SAN 系统中存储设备上的数据，用户可以根据使用情况变换设备的组成，实现存储设备在线的灵活连接和无缝扩展，使得整个系统的存储空间和处理能力可以按照客户的需求不断变化。

③ 更低的网络复杂性。服务器仅需要管理与 SAN 的单一连接，而不必为文件服务分配资源。在 SAN 内部实现数据传输，大大减轻了网络的负担，并延长了设备的寿命。高性能存储体和宽带网络因为使用单一 I/O 接口使得系统的成本和复杂程度大大降低。

④ 更强的存储资源共享能力。SAN 使服务器和存储器之间的连接方式发生了根本性的变革。与传统服务器同磁盘阵列之间的主从关系不同，光纤通道 SAN 上的所有设备均处于平等地位，多台服务器以及多个存储器可以配置在同一个 SAN 上，其中任何一台服务器均可存取网络中的任何一个存储设备，存储资源可以在统一的管理之下为多台服务器共享。

5.2.2.2 云存储

1. 云存储的概念

云存储是在云计算的概念上延伸和发展出来的一个新概念，是指通过集群应用、网格技术或分布式文件系统等功能，将网络中大量各种不同类型的设备通过应用软件集合起来协同工作，共同对外提供数据存储和业务访问功能的系统。

用户使用云存储，并不是使用一个特定的存储设备，而是使用整个云存储系统带来的一种数据访问，从这个意义上讲，云存储是一种在线信息服务。提供云存储服务的不是一台设备，而是一个存储服务器集群。云存储的核心是应用软件与存储设备的深度结合，对用户来说整个存储过程是透明的，逻辑上是统一的。

云存储是目前云计算服务的核心领域，主要解决云计算中的数据存储和管理问题。云存储概念一经提出，就得到了众多 IT 厂商的支持和关注，Amazon 已经推出了 Elastic Compute Cloud（EC2，弹性计算云）云存储服务。此外，微软公司、Google 公司、IBM 也分别推出了自己的云存储服务，我国的百度云盘、酷盘、360 云盘、金山快盘也是典型的云存储产品。

2. 云存储结构模型

云存储系统的结构模型一般由 4 层组成，分别为存储层、基础管理层、应用接口层和访问层。

（1）存储层。存储层是云存储最基础的部分。存储设备可以是 FC 光纤通道存储设备，也可以是 NAS 和 iSCSI（Internet Small Computer System Interface）等 IP 存储设备，还可以是 SCSI 或 SAS 等 DAS 存储设备。云存储中的存储设备往往数量庞大且分布于不同地域，彼此之间通过广域网、互联网或者 FC 光纤通道网络连接在一起。存储设备之上是一个统一存储设备管理系统，可以实现存储设备的逻辑虚拟化管理、多链路冗余管理以及硬件设备的状态监控和故障维护。

（2）基础管理层。基础管理层是云存储最核心的部分，也是云存储中最难以实现的部分。基础管理层通过集群、分布式文件系统和网格计算等技术，实现云存储中多个存储设备之间的协同工作，使多个存储设备可以对外提供同一种服务，并提供更大、更强、更好的数据访问性能。

（3）应用接口层。应用接口层是云存储最灵活多变的部分。不同的云存储运营单位可以根据实际业务类型开发不同的应用服务接口，提供不同的应用服务。例如，视频监控应用平台、IPTV 和视频点播应用平台、网络硬盘引用平台、远程数据备份应用平台等。

（4）访问层。任何一个授权用户都可以通过标准的公用应用接口来登录云存储系统，享受云存储服务。云存储服务单位不同，提供的访问方式和访问手段也不同。

3. 云存储的优点

相对于本地存储模式而言，云存储模式的主要优势在于以下几个方面。

（1）云存储不会因意外而导致服务中止。云存储服务商通常用多个存储设备和服务器构建起存储基础架构，并将文件保存在不同的设备、不同的位置，由云存储管理器来统一定位资源，所以当某个设备发生故障时，不会导致整个服务系统宕机或崩溃。

（2）云存储可以节约成本。随着企业的数据增长，很多企业都会提前购买大量的存储资源，这极有可能造成浪费。使用云存储时，企业可以根据需求随时扩大存储空间，而不需要提前预备存储设备和存储平台，这给企业尤其是中小企业节约了很多资金。

（3）云存储可以保证服务质量。大型云存储服务商都能提供高水平的存储服务。借助高性能存储设备，云存储服务商能实现低成本规模运营，通过最先进的存储保障技术、负载均衡和资源调度，可以大大提升服务质量，降低故障率。

（4）云存储方式灵活。传统的购买和定制模式下，系统无法在后续使用中动态调整，而采用云存储方式时，云存储系统的使用设备对于使用者来讲都是完全透明的，可以有效地节省设备投资和管理投资，同时也可省去日常监护和维护升级的麻烦。

4. 云存储产品

目前，诸多厂商都已推出了云存储产品，比较有名的就是 EMC 的 Atmos 云存储基础架构解决方案。Atmos 是一种基于策略的管理系统，目前 Atmos 有三个版本，系统容量分别为 120TB、240TB 和 360TB，它们全部都基于 x86 服务器并支持千兆位或 10 千兆位以太网连接。

XIV 是 IBM 提供的新一代云存储产品，它采用网格技术，极大地提高了数据的可靠性、容量的可扩展性、系统的可管理性。XIV 具有海量存储设备大容量文件系统、高吞吐量互联网数据访问接口和管理系统的设计特征。由于其独特的设计，XIV 天生就具备海量的存储能力与强大的可扩展性，能够满足各种 Web2.0 应用需求，是一个理想的云存储产品。

惠普的 ExDS9100 也是一个高性能可扩展存储系统，该系统结合了惠普 Poly Serve 软件、Blade System 底盘以及刀片服务器以提高其性能。ExDS9100 专为简化 PB 级数据管理而设计，能为 Web2.0 类网站及数字媒体类公司提供可靠的云存储服务，包括图片共享、流媒体播放、视频点播及社交网络。在满足即时存储与管理需要的同时，还能满足石油及天然气生产、安全监控及基因研究等大型企业的内容存储需求。

5.3 数字内容的备份与恢复

5.3.1 数字内容存储策略

对于数字内容的存储策略，可以综合不同的存储方式实现。以数字图书馆信息资源存储为例可以考虑综合运用上述三种技术，结合数字图书馆数字资源现状，建立如图 5-3 所示的存储模型。

1. 存储物理层

主要为数字资源提供最基本的网络环境和物理存储环境。原有的磁盘阵列 RAID、光盘库、集群、直连存储、网络附加存储、网络局域存储等存储技术和存储设备可沿用。数字图书馆可以使用的云存储设备和存储网络，大多先使用现有的存储设备进行网络连接，然后增加新的技术元素。FC 光纤通道存储可以在原有的存储局域网中进行改造升级。这些技术的提升依赖统一的存储设备管理软件。通过该软件，能整合底层的存储硬件，并在上层提供虚拟化存储管理，能实时监测存储硬件设备状态，以及进行硬件维修。

2. 存储逻辑层

所有存储核心管理在该层实现，分布式文件系统技术是主角。通过分布式文件系统和分布式数据库系统等平台，数字图书馆的多元化数字资源可以协同存储，实现海量的数字资源调度、监控和备份。该层同样需要存储管理系统。通过存储管理系统，采用基于对象的存储和基于内容寻址的存储技术策略来适应数字图书馆不同的数字资源存储需求。该层的存储强调使用存储管理软件实现物理层上的虚拟化存储管理。随着时间的推移，数字图书馆会面对不同厂家、不同型号、遵循不同通信协议的存储设备，如何将这些设备链接起来，以及整合这些异构的存储设备和存储资源，是数字图书馆建设必须考虑的问题。虚拟化存储设计可以使存储架构具有较大的可扩展性，能充分利用新旧设备，提高管理效率，降低管理成本。

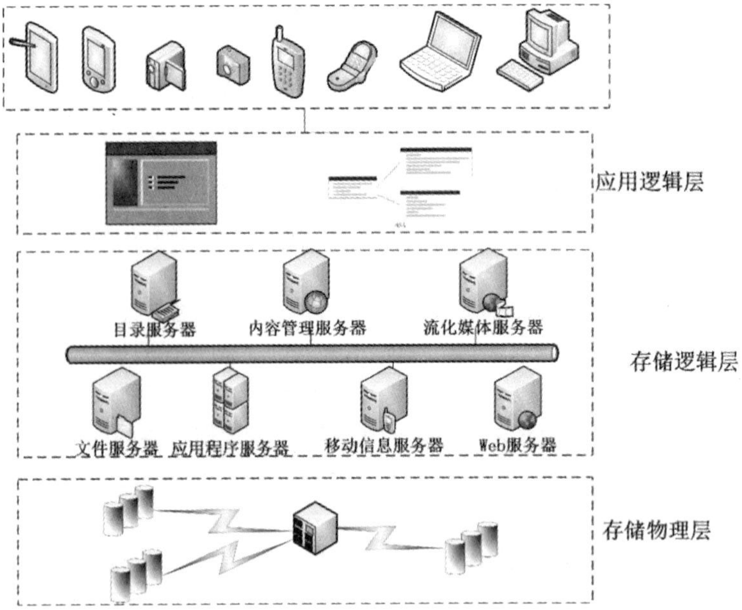

图 5-3　数字图书馆资源存储模型

3. 应用逻辑层

在该层向用户提供可以直接操作的管理平台。管理平台不仅提供普通的 Web 页面服务，也向用户提供数字信息收集、汇总、分析、综合管理等实用性功能。这里的用户包括读者用户和管理员用户。管理员用户可以方便地在应用层使用云端的借还书系统、书目管理系统等。应用层的使用方式灵活，移动终端、PC 机、笔记本电脑，只要能接入数字图书馆局域网，就能在应用逻辑层使用数字图书馆的大数据存储平台，满足信息收集和分析需求。

通过设置包括存储物流层、存储逻辑层和应用逻辑层，组成存储模型，进行信息资源的数字化存储，能有效解决数据多元化、数据源异构和数据存储安全性问题。采用这样的架构，能在应用逻辑层上为多种可联网设备提供数据服务。

5.3.2　数字内容备份与恢复

1. 备份的目的

一般来说，数字资产的备份有三个目的：灾难恢复、可操作备份和内容归档。

(1) 灾难恢复。为了应对灾难恢复要求，需要进行内容的备份操作。当主位置因灾难不能工作时，备份的拷贝将用于在另外一个位置恢复数据。当使用基于磁带的备份方法时，备份磁带一般会被存放在异地，以保证灾难不会同时毁坏原始数据和备份数据。对于恢复速度要求比较高的企业也可以采用远程复制技术复制数据到灾难点，这样可以快速恢复灾难点的系统运营。

数据容灾是指建立一个异地的数据系统，由该系统对本地系统关键应用数据进行实时复制。当出现灾难时，可由异地系统迅速接替本地系统而保证业务的连续性。根据一个灾容系统所备份的数据量大小、与应用数据中心的距离和数据传输方式，以及灾难发生后的恢复策略等，通常可将其分为 3 个等级。

第 1 级：本地备份，异地保存。在本地进行数据备份，然后送到异地保存。该方案成本低，易于配置。但当数据量增大时，会出现存储介质难于管理和灾难发生后恢复效率较低的问题。

第 2 级：热备份站点备份。在异地建立一个备份站点，通过网络以同步或异步的方式进行主站点的数据备份。正常情况下备份站点只用作数据备份，不承担业务。当出现灾难时，备份站点接替主站点的工作以保证业务的正常进行。

第 3 级：活动备援中心。在相隔较远的地方分别建立两个数据中心，它们都处于工作状态，并进行相互的数据备份。当某个数据中心发生灾难时，另一个数据中心随即接替其工作。

（2）可操作备份。生产环境中的数据随着每一次业务和操作而变化。可操作备份是一种在时间点上的数据备份，用于日常业务过程中发生的数据丢失和逻辑损坏时对数据的恢复。大多数组织中的数据恢复请求都属于这种形式。可操作备份通常使用增量式备份技术实现。

（3）内容归档。备份也会因内容归档的需求进行。在小型企业中，为了长期保存某些业务信息、电子邮件等，需要对数字内容进行备份。

2. 备份的粒度

数字内容备份的粒度分为全备份、增量备份和累计备份。大多数机构都会采用三种备份类型的组合以满足企业的备份需求。

（1）全备份是指某时间点上对生产系统上的所有数据进行完整备份。这种备份时间长，恢复快。

（2）增量备份是指复制自上次全备份或最近发生的增量备份以来修改的数据。由于仅限于修改的数据备份，所以这种备份的速度很快，但是恢复起来却很耗时。

（3）累计备份是指复制自最后一次全备份以来修改的数据。这种备份方式时间比增量方式长，但恢复快。

3. 备份的方法

备份分为热备份和冷备份两种方式。热备份时，应用仍处于运行状态，用户可以在备份的同时存取数据；冷备份时，应用处于停止状态。在不可能关闭数据库服务时，可以采用热备份，这种备份会影响数据的性能，导致数据库响应降低，所以热备份通常在深夜用户访问量较低时进行。在可以停止数据库服务时，采用冷备份，冷备份要求停止数据库服务，这是某些业务系统所不能接受的。

在信息企业到底使用冷备份还是热备份，要视具体的业务模式而定，通常在线服务都采用热备份的方式，而企业内的业务系统，可以采用冷备份的方式在员工下班时进行冷备份，不会影响企业的正常业务。

4. 备份的介质

在数字信息备份安全策略中，备份介质是完成备份任务的基础。按照自动化数据量计算，考虑到系统的安全备份、数据的日增长（更新）量以及备份介质等因素，要求至少保存两套完整的备份数据。在选择备份硬件时应综合考虑选择合适的备份介质。

5.4　数字内容的迁移

数字迁移是指随技术变化定期地转移或转换数字内容的一种活动，它使数字资源从一个硬件和软件的配置组合向另一个硬件和软件配置组合转换，或是从旧的计算机技术向新一代的计算机技术转换，这一套转移和转换活动的目的是使数字内容在将来也可以被存取和使用。

传统的迁移方法有存储介质迁移和文件格式迁移等。这些迁移方法虽已被广泛应用，但在保证迁移过程中的数据安全性、稳定性和真实性等方面均有不足。随着技术的进步和需求的演化，长期保存的迁移实现方式也不断发展，在传统策略之上又有一些新的技术实现方式，如按需迁移的保存策略等，但尚不成熟，且迁移过程复杂。

1. 迁移的意义

数字迁移是数字资源长期保存的策略之一。数字迁移着眼于数字内容本身，为保证存储环境的变化和技术的发展不影响数字内容本身的存取，就要定期地将数字内容从一种存储环境转换到另一种存储环境或改变数字内容的格式，使数字内容能够适应新的硬件和软件环境。数字迁移能够长期稳定地存储数字资源，并总是以普遍接受的格式为用户存取使用。

为确保数字内容能够安全地迁移，需要考虑多方面的因素。在数字迁移过程中最棘手的问题不是技术难题，而是非技术性问题，如迁移成本、迁移策略以及相关的法律和版权问题。只有解决这些难题，才能实现更好的数字内容长期保存。

2. 迁移的原因与类型

数字迁移的原因很多，大部分都与软件版本及文件格式有关。软件的版本和文件格式的设置不仅是一个技术问题，更是一个商业战略问题。随着软件不断升级，软件的版本和对应的文件格式也快速变化，新的软件版本和文件格式不断地取代已有的版本和文件格式，由此导致数字内容需要不断地进行迁移，以确保用户能够正常存取。

数字迁移主要有以下几种。

（1）数字文件的日常更新。早期的时候，数字内容从一种存储介质转存到另一种存储介质是迁移的主要形式。随着存储介质稳定性和可靠性的提高，这种形式的数字迁移越来越少。

（2）当文件从一种应用转到另一种应用时，需要改变文件的格式，如从苹果操作系统的应用转到 Windows 操作系统的应用，就需要改变文件格式。

（3）数字内容格式本身的改变，如将 PDF 格式文件转换为 XML 格式文件。

（4）从数字主文档格式制作副本，如图像主格式是 TIFF 格式，为了 Web 发布需要，转换为 JPG 格式。

3. 迁移的成本

从宏观角度来看，数字迁移的成本取决于以下 3 个方面。

（1）迁移实施的类型。硬件迁移与软件迁移的成本显然不同，一般来说硬件迁移的成本较高，但是软件迁移的风险较大。

（2）迁移实施的程度。迁移过程中的数字内容越多，迁移质量要求越高，则迁移成本就越高。

（3）迁移对象的规模。迁移的费用与要转换的数字内容的规模有直接关系，规模越大显然费用就越高。

在具体的迁移成本分析中，会涉及很多细节。大体上，迁移成本的分析可从设备配置和过程管理两方面进行。

①设备配置成本。包括硬件购买的成本，投入使用后定期硬件维护的成本，硬件更换、升级的成本；软件购买或软件租用的成本，定期软件维护、更新、升级的成本；租用通信线路的成本等。

②过程管理成本。包括迁移实施前的前期检查、源文件格式分析、迁移对象选择、迁移实施的流程监督、质量控制、风险控制的成本，标准化建设的成本，新文件索引体系建设成本，迁移后的文件存储系统的管理成本等。

4. 迁移的风险

数字资产迁移存在一定的风险，具体的风险有以下几种。

（1）内容稳定性风险。内容稳定性风险包括对存储介质误操作和设备机械故障等因素，可能会导致二进制数据流的破坏，文件头信息没有迁移、迁移不完整或迁移错误，数字图像的质量受到二进制数据流配置改变的影响，新的文件格式改变了字节顺序等。

（2）内容安全性风险。格式迁移影响了采用水印和数字戳等加密技术对原始数字资源进行加密的信息。

（3）内容连贯性和完整性风险。内容连贯性和完整性风险包括对不同软硬件的依赖性，浏览和访问新的文件格式需要新的配置，与其他文件的链接（如元数据文件、脚本等）在迁移过程中容易被改变等。

（4）参考性风险。参考性风险包括由于文件格式的更新和受 URL 的影响，文件扩展名被改变。迁移活动没有被完整记录，导致来源信息不完整或不精确，这会给未来的迁移活动带来潜在问题。

（5）功能风险。功能风险包括新文件格式对原文件格式数字资源的一些功能产生影响，新文件格式不支持的原文件格式中的一些功能在迁移过程中丢失等。

（6）成本风险。成本风险包括数字迁移性质的差异可能导致每个迁移周期涉及不同步骤，因此，长期保存的数字迁移成本具有不可预测性。

（7）人力资源风险。人力资源风险包括在整个数字迁移决策过程中，员工的轮换和缺乏连续性，导致长期计划难以实施，员工缺乏足够的技术技能使得人力资源规划更加困难。

（8）知识产权风险。知识产权管理会限制新格式产生的一些数字内容的应用，如一些数字内容的产权许可限定在一定分辨率范围内，新格式生成的图像有可能超出这个分辨率范围。

思考题

1. 什么是 RAID 技术？它有哪些级别？
2. 什么是文件库？它与数据库有什么区别？
3. 什么是云存储？它有哪些优点？
4. 数字资产备份的目的是什么？
5. 数字资产迁移的风险有哪些？

第 6 章　数字内容发布与安全

本章主要介绍数字内容的发布方式以及随着技术发展所产生的新型发布方式，数字内容安全的定义、相关技术和数字版权的保护。

6.1　数字内容的发布方式

数字内容的发布是数字内容管理中连接数字创作者与数字内容消费者的桥梁，数字内容只有通过各种方式发布出去到达消费者手中，才能实现它的最终价值。发布数字内容的方式多种多样，特别是随着“互联网+”时代的来临，除了传统的通过纸质印刷、刻制光盘等方式发布数字内容，新兴的自媒体、移动 App 等发布方式也越来越普及。以下介绍电子出版、数字印刷、网络媒体和移动媒体等较为常见的内容发布方式。

6.1.1　数字出版

数字出版早期也被称为电子出版，这一术语的变化也是受到了数字技术发展的驱动。数字出版是指在出版的整个过程中，从编辑、制作到发行的所有信息都以二进制代码的数字化形式存储于磁、光、电等介质中，信息的处理与传递必须借助计算机或类似设备来进行的一种出版形式。与传统印刷出版相比，数字出版有以下特征。

（1）传统出版物中的信息只能以文字、图像等形式再现于纸张等介质上，整个出版过程都必须借助于人脑及相应的排版、印刷等设备进行。而在数字出版过程中，文字、图像、声音、视频等信息都以二进制代码形式存储于 CD-ROM、软盘、磁盘等介质上，必须借助于计算机、通信网络或类似能够“读懂”二进制代码的设备进行。

（2）传统出版物一旦出版，任何人都无法对其进行修改（除非重版），读者对所有的信息只能被动接受。数字出版物使读者可以借助计算机对信息进行查询、统计、分析、编辑和交互。

（3）传统出版的成果是图书等纸介质或硬拷贝的出版物，数字出版的成果则是以数字化形式存在的，它既可以是单机型的 CD-ROM、磁盘等有形出版物，也可以是直接存储于计算机存储器上的无形的信息，通过网络传送到各种移动终端、计算机、机顶盒、AR/VR 装备等设备上。

（4）传统出版物的发行，必须是出版物实体的传播，数字出版物可以是出版物实体（如软盘、CD-ROM 等）的传播，也可以是出版物信息内容通过网络等的虚拟传播。

6.1.2 数字印刷

数字化是当今印刷技术发展的基础和主题，也是数字内容发布的途径之一，已经贯穿整个印刷产业，正在构筑一种全新的生产环境和技术基础。

数字印刷的工作原理是操作者将原稿（图文数字信息）、数字媒体的数字信息或从网络接收的数字文件输入到计算机，然后在计算机上进行创意设计、修改，编排成客户满意的数字化信息，经 RIP（栅格化图像处理器）处理，成为相应的单色像素数字信号，再传送至输出设备控制器，通过数字印刷机转印到纸张等承印物上。

数字印刷体现了"先分发，后印刷"的理念。目前，数字印刷主要适合以个性化印刷、可变信息印刷、即时印刷为特点的"按需印刷"，所以它也是一种为按照用户的时间、地点、数量、成本及某些特定的要求向用户提供相关服务的一种印刷服务方式。

数字印刷具备以下几个典型特征。

（1）印刷方式全数字化。数字印刷过程是从计算机到纸张或印品的过程（Computer to Paper/Print），即直接把数字文件、页面（Digital File/Page）转换成印品的过程。这是全数字化生产过程，工序间不需要胶片和印版，无传统印刷的繁琐工序。

（2）可实现异地印刷。可以通过互联网进行远距离印刷。

（3）可变信息印刷。数字印品的信息可以是 100%的可变信息，即相邻输出的两张印品可以完全不同。

在数字印刷系统中，页面描述技术、图像处理技术、数字印前技术以及数字印刷机硬件是系统不可或缺的支持，数字印刷中页面描述技术的进步推动了数字印刷生产的发展，特别是 RIP 的发展，为数字印刷能够输出用户希望的页面起到了关键作用，使用者在排版软件中生成的页面在 RIP 的控制下，可以由数字印刷机输出到特定的介质上。由于数字印刷可以实现 100%的可变信息印刷，而且有很高的输出速度（与传统的胶印机的速度相当），因此要求 RIP 具有极高的处理速度。另外，随着数字印刷质量的不断提高，分辨力在不断增加，这就更增加了对 RIP 的速度和功能的要求，因此图像处理技术是数字印刷技术的关键。

6.1.3 移动出版

移动出版是指将图书、报纸、杂志等内容资源进行数字加工后，运用先进的数字版权保护技术，通过互联网、无线网以及传输设备进行传播，使用户能够通过便携式移动终端阅读相应的数字内容。

移动互联网的大面积覆盖和移动终端的全面普及，不仅仅是让移动互联网的客观环境发生变化，更重要的是，它在潜移默化中引导了大众对于媒介的选择和偏好，改变了用户的传统阅读习惯，塑造出用户阅读新方式。从美国皮尤研究中心 2018 年 12 月的一项调查数据中可知，在美国的成年人中，使用移动端进行阅读文章的用户比例则高达 84%左右。国内，根据《第十七次全国国民阅读调查报告》显示，2019 年我国成年国民包括书报刊和数字出版物在内的各种媒介的综合阅读率为 81.1%，数字化阅读方式（网络在线阅读、手机阅读、电子阅读器阅读、Pad 阅读等）的接触率为 79.3%，较 2018 年上升了 3.1 个百分点。根据中国新闻出版研究院发布的《2018—2019 中国数字出版产业年度报告》显示，2018 年移动出版和网络游戏的收入分别为 2007.4 亿元和 791.1 亿元，在数字出版总收入中所占比例分别为 24.10%和 9.50%，两者合计占比 33.6%，说明越来越多的人更愿意在移动终端上进行阅读和获取知识，也证明了移动出版是数字出版日后的重要发展方向，具有不可估量的发展潜力。

6.2 数字内容的发布形式

随着技术的发展，数字内容在发布形式也有了更加多样的选择。除了传统的以文本、图形、图像或者视频等形式进行数字内容的发布外，还出现了利用虚拟现实、增强现实等技术实现的新型发布形式。

6.2.1 传统发布形式

传统的数字内容发布形式主要包括离散型，表现形式如文本、图像、图形等；连续型，表现形式如有视频、音频和运动图形等。传统的数字内容发布形式广泛存在于电子出版、数字印刷、网络媒体和移动媒体等领域，仍然是目前应用最为普遍的数字内容发布形式。

6.2.2 虚拟现实

虚拟现实是由计算机生成的、可交互的仿真环境，是能给使用者带来沉浸感的虚拟环境。用户进行位置移动时，电脑可以立即进行复杂的运算，将精确的三维世界影像传回产生临场感。该技术集成了电脑图形、电脑仿真、人工智能、感应、显示及网络并行处理等技术的最新发展成果，是一种由电脑技术辅助生成的高技术模拟系统。

虚拟现实具备以下几个特点。

（1）该环境将向介入者（人）提供视觉、听觉、触觉等多种感官刺激。

（2）该环境应给人以一种身临其境的沉浸感。

（3）人能以自然的方式与该环境中的一些对象进行交互操作，既不使用键盘鼠标等常规输入设备，而强调使用手势（数据手套）、体势（数据衣服）和自然语言等自然方式的交互操作。

相较于传统的数字内容发布形式，利用虚拟现实技术进行数字内容的发布，对于使用者的感官冲击力以及所达到的传播效果都将是无与伦比的。随着技术的不断发展完善，虚拟现实技术势必会在数字内容的发布形式上占据相当重要的地位。

6.2.3 增强现实

增强现实是指对摄影机影像的位置及角度进行计算并利用相应的图像技术，让虚拟世界能够与现实世界场景进行结合与交互的技术。与传统虚拟现实技术所要达到的完全沉浸的效果不同，增强现实技术致力于将计算机生成的物体叠加到现实景物上。它通过多种设备，如与计算机相连接的光学透视式头盔显示器或配有各种成像原件的眼镜等，让虚拟物体能够叠加到真实场景上，以便使它们一起出现在使用者的视场中。同时，使用者可以通过各种方式来与虚拟物体进行交互。

相较于利用虚拟现实技术进行数字内容发布，增强现实技术有其特点与优势。比如，机器结合虚拟和真实世界的特性能够使用户保有真实世界的感觉。随着随身电子产品运算能力的快速提升，增强现实的用途也越来越广，增强现实技术在数字内容发布方面具有非常广阔的发展前景。

6.3　数字内容的安全

数字内容安全技术涉及信息传输的安全、信息储存的安全以及对网络传输信息内容的审计三方面。国际标准化组织（ISO）将信息安全系统提供的服务分为认证服务、访问控制服务、信息保密服务、信息完整性服务和不可否认性服务五种服务，而且这五种服务是相辅相成的。在这五种服务中，分别对应不同的安全防范技术，这些安全防范技术从不同层面上保证信息的保密性、完整性、可用性和可控性。

6.3.1　数字水印

信息加密技术是利用数学或物理手段，对电子信息在传输过程中和存储体内进行保护，以防止泄露的技术。

数字水印是实现数字内容保护的有效方法，已成为多媒体信息安全研究领域的热点，也是信息隐藏技术研究领域的重要分支。

1. 数字水印的定义

数字水印是永久镶嵌在其他数据（宿主数据）中具有可鉴别性的数字信号或模式，并且不影响宿主数据的可用性。它通过在原始数据中嵌入秘密信息来证实该数据的所有权，这种被嵌入的秘密信息即水印，被嵌入的水印可以是一段文字、标识、序列号等。其技术原理是利用人类的视觉冗余或不敏感性、载体自身的独特性、数据冗余性、时频的局部特性，把创作者的创作信息和个人标志加入多媒体数据中，使人们无法从表面上感知加入的信息，只有专用的检测器或计算机软件才可以检测出隐藏的信息，从而达到对数字内容进行保护的目的。因此，数字水印技术亦可以视为在强背景下叠加的一个弱信号。

2. 数字水印的分类

数字水印的分类方法有很多种，最常见的分类方法包括以下几类。

（1）按特性划分。按水印的特性可以将数字水印分为鲁棒数字水印（Robust Watermarking）和脆弱数字水印（Fragile Watermarking）两类。鲁棒数字水印主要用于在数字作品中标识著作权信息，利用这种水印技术在多媒体内容的数据中嵌入创建者、所有者的标示信息，或者嵌入购买者的标示（即序列号）信息。在发生版权纠纷时，创建者或所有者的信息用于标示数据的版权所有者，而序列号用于追踪违反协议而为盗版提供多媒体数据的用户。

脆弱数字水印与鲁棒数字水印的要求相反，主要用于完整性保护，这种水印同样是在内容数据中嵌入不可见的信息。当内容发生变化时，这些水印信息会发生相应的改变，从而可以鉴定原始数据是否被篡改。脆弱数字水印应对一般的信号处理有较强的免疫力（鲁棒性），同时又要求有较强的敏感性，既允许一定程度的失真，又要能将失真情况探测出来。

（2）按水印所附载的媒体划分。按水印所附载的媒体做分类依据，可以将数字水印分为图像水印、音频水印、视频水印、文本水印、三维网络模型的网格水印和二维矢量图形水印等。随着数字技术的发展，会有更多种类的数字媒体出现，同时也会产生相应的水印技术。

（3）按检测过程划分。按水印的检测过程可以将数字水印划分为明文水印和盲文水印。明文水印在检测过程中需要原始数据，而盲文水印的检测只需要密钥，不需要原始数据。秘钥是一种参数，它是在明文转换为密文或将密文转换为明文的算法中输入的参数。一般来说，明文水印的鲁棒性较强，但其应用受到存储成本的限制。

（4）按内容划分。按数字水印的内容可以将水印划分为有意义水印和无意义水印。有意义水印是指水印本身也是某个数字图像（如商标图像）或数字音频片段的编码；无意义水印则只对应于一个序列号。有意义水印的优势在于，如果由于受到攻击或其他原因致使解码后的水印破损，人们仍然可以通过视觉观察确认是否有水印。但对于无意义水印来说，如果解码后的水印序列有若干码元错误，则只能通过统计决策来确定信号中是否含有水印。

（5）按用途划分。不同的应用需求造就了不同的水印技术。按照数字水印的不同用途，可以将数字水印划分为票证防伪水印、版权标识水印、篡改提示水印和隐蔽标识水印。

票证防伪水印主要用于电子票据和打印票据、各类证件等的防伪。因为需要考虑票据破损、图案模糊等情形，而且考虑到快速检测的要求，用于票证防伪的数字水印算法不能太复杂。

版权标识水印是目前研究最多的一类数字水印。数字作品既是商品又是知识作品，这种双重性决定了版权标识水印主要强调隐蔽性和鲁棒性，而对数据量的要求相对较小。

篡改提示水印是一种脆弱数字水印，其目的是标识原文件信号的完整性和真实性。

隐蔽标识水印的目的是将保密数据的重要标注隐藏起来，限制非法用户对保密数据的使用。

（6）按水印隐藏位置划分。按数字水印的隐藏位置，可以将其划分为时（空）域数字水印、频域数字水印、时/频域数字水印和时间/尺度域数字水印。

时（空）域数字水印是直接在信号空间上叠加水印信息，而频域数字水印、时/频域数字水印和时间/尺度域数字水印则分别是在离散余弦变换域（Discrete Cosine Transform，DCT）、时/频变换域和小波变换域上隐藏水印。

3. 数字水印技术

（1）空域算法：此算法是在空间上对内容信息进行修改，并添加不可察觉的信息，例如最低有效位方法（LSB）、拼凑（Patchwork）和文档结构微调方法等。以最低有效位（LSB）算法为例，是在位图法的基础上将输入的信号打乱，并按照一定的分配规则使嵌入的信息能够散布在图像的所有像素点上。具体原理是，首先把一个密钥输入一个序列发生器来产生水印信号，然后排列成二维水印信号，按像素点逐一插入到原始内容的最低位。由于水印信号被安排在了最低位上，相当于叠加了一个能量微弱的信号，因此在视觉和听觉上很难察觉，基于同样的原因，它可以轻易地被移去，因此不够强壮。

（2）频域算法（变换域算法）：较之于空域算法，在频域算法中改变中频或低频分量（除去直流分量）来加入水印时，强壮性还可进一步提高。因为变换域方法通常都具有很好的稳健性，对数据压缩、常用的滤波处理以及噪声等均有一定的抵抗能力。频域水印技术可以利用通用的离散余弦变换（DCT）、离散小波变换（DWT）和傅立叶变换（DFT）等变换方法。

以早期的基于分块 DCT 方法为例，其原理是由一个秘钥随机地选择图像的一些分块，在频域的中频上稍稍改变一个三元组以隐藏二进制序列信息。选择在中频分量编码是因为在高频编码易于被各种信号处理方法所破坏，而在低频编码则由于人的视觉分量很敏感，对低频分量的改变易于被察觉。该水印算法对有损压缩和低通滤波是稳健的。

（3）文本水印算法：它们主要是通过轻微改变字符间距，行间距或是增加、删除字符特征如底纹线等方法来嵌入水印。或是在符号级或语义级加入水印。例如，可以用 big 替换文本中的 large。

（4）压缩域算法：这类算法是把水印信号加到表示视频帧的数据流中去，对于数字电视广播有很大的实用价值。例如针对输入的 MPEG-2 数据流实现数字水印，将 MPEG-2 数据流分为数据头信息、运动向量和 DCT 编码信号块三部分，对 DCT 编码数据块中每一输入的 Huffman 码进行解码和逆量化，把得到的 DCT 系数与相应水印信号块的变换系数相加，对新的 DCT 系数重新进行量化和 Huffman 编码。然后比较新的 Huffman 码字的位数 n_1 与原来的无水印系数的码字 n_0，只在 n_1 不大于 n_0 的时候才传输水印码字，否则传输原码字。这就保证了不增加视频数据流的位率。

（5）生理模型算法：利用人的生理模型的特性，包括人类视觉系统和人类听觉系统来提高多媒体数据压缩系统质量和效率。它们的基本思想是利用从视觉模型导出的 JND（Just Noticeable Difference）描述来确定在图像的各个部分所能容忍的数字水印信号的最大强度，从而避免破坏视觉质量。这一方法同时具有好的透明性和强壮性。

4. 数字水印攻击

与密码学类似，数字水印也是一个对抗性的研究领域。正是因为有水印攻击的存在，才有水印研究的不断深入。水印攻击与密码攻击一样，包括主动攻击和被动攻击。主动攻击的目的并不是破解数字水印，而是篡改或破坏水印。而被动攻击则试图破解数字水印算法。值得一提的是，主动攻击并不等于肆意破坏。真正的主动水印攻击应该是在不过多影响数据质量的前提下，除去数字水印。

数字水印攻击方式主要有以下几类。

（1）去除攻击。它主要攻击稳健性的数字水印，试图削弱载体中的水印强度，或破坏载体中的水印存在。是研究稳健性水印算法的一个重要辅助手段，常见的稳健性攻击主要分为有损压缩和信号处理技术两个方面。

①有损压缩：对于多媒体信号来说，为了实现在网络上的快速传递和有效保存，通常需要对它进行压缩，在不影响使用效果的情况下，经常进行较大压缩比的有损压缩。压缩

处理通常都是非恶意的攻击。

②信号处理技术：信号处理技术是最常用的攻击手段，它可能有非恶意的攻击，也可能被用来做恶意的攻击。信号处理手段包括，低通滤波添加水印、添加噪声和共谋攻击等。

（2）表达攻击。表达攻击与去除攻击的不同之处在于，它并不需要去除载体中的水印，而是通过各种方法使得水印检测器无法检测到水印的存在。几何变换在数字水印的攻击占有重要的地位，许多数字水印算法都无法抵抗某些重要的几何变换攻击，例如水平翻转、剪裁、旋转、缩放、行及列删除、随机几何变形等。

（3）解释攻击。解释攻击既不试图擦除水印，也不试图使水印检测无效，而是使检测出的水印存在多个解释。例如，一个攻击者试图在同一个嵌入了水印的图像中再次嵌入另一个水印，该水印有着与原所有者嵌入的水印相同的强度，由于一个图像中出现了两个水印，所以导致了所有权的争议。例如，IBM 攻击，其原理为设原始图像为 I_0，加入水印 W_A 的图像为 $I_A=I_0+W_A$。攻击者首先生成自己的水印 W_F，然后创建一个伪造的原图 $I_F=I_A-W_F$，也即 $I_A=I_F+W_F$。这就产生无法分辨与解释的情况。防止这一攻击的有效办法就是研究不可逆水印嵌入算法，如哈希过程。

（4）法律攻击。法律攻击与前三种攻击都不同，前三种可以成为技术性的攻击，而法律攻击则完全不同。攻击者希望在法庭上利用此类攻击，他们的攻击是在水印方案所提供的技术或科学证据的范围之外进行的。法律攻击可能包括现有的及将来的有关版权和有关数字信息所有权的法案。

6.3.2 数字签名

1. 数字签名概念

数字签名是附加在数据单元上的一些数据，或是对数据单元所做的密码变换，这种数据和变换允许数据单元的接收者用以确认数据单元的来源和数据单元的完整性，并保护数据、防止被他人伪造。它是对电子形态的消息进行签名的一种方法，一个签名消息能在一个通信网络中传输。从动态过程看，数字签名技术就是利用数据加密技术、数据变换技术，根据某种协议来产生一个反映被签署文件和签署人特性的数字化签名。

2. 数字签名特点

数字签名需要满足以下基本要求：签名不能伪造、签名不可抵赖、签名不可改变、签名不可重复使用。因而，在实际作用中，数字签名应当具有以下特点。

（1）防伪造：能够保证数据的完整性。如果数据是伪造的或是在传送途中被修改，则无法通过接收方的数字签名认证。其他人不能冒充签名者对消息进行签名，接收方能鉴别发送方所宣称的身份。

（2）防篡改：对消息进行签名后，消息的内容不能被更改。

（3）防抵赖：发送方不能抵赖曾经发送消息的行为。

3. 数字签名技术原理与实现

数字签名技术是给电子文档进行签名的一种电子方法，它利用密码技术进行，可以获得比传统签名更高的安全性。数字签名的目的同样是保证信息的完整性和真实性，即消息内容没有被篡改，而且签名页没有被篡改，消息只能始发于所声称的发方。

数字签名技术以公开密钥加密技术为基础，其核心是采用加密技术的加、解密算法体制实现对信息的数字签名，是电子商务与网络安全的关键技术之一。

实现数字签名的途径有很多，目前来说，数字签名采用较多的是公钥加密技术。在公钥密码学中，数字签名用私有密钥进行加密，接收方用公开密钥进行解密。当某人用其私有密钥加密消息时，能够用他的公开密钥正确解密，就可以肯定该消息是某人签字的，这就是数字签名的基本原理。基于公钥密码的数字签名实现消息鉴别的过程如图 6-1 所示。发送方先利用公开的 Hash 函数对消息 M 进行变换，得到消息摘要；然后利用自己的私钥对消息摘要进行签名形成数字签名 Sig（H（M））；而后将签名附加在消息上发出。接收方收到消息后，先利用公开 Hash 函数对消息 M 进行变换，得到消息摘要；然后利用发送方的公钥验证签名，如果验证通过，可以确定消息是可信的。

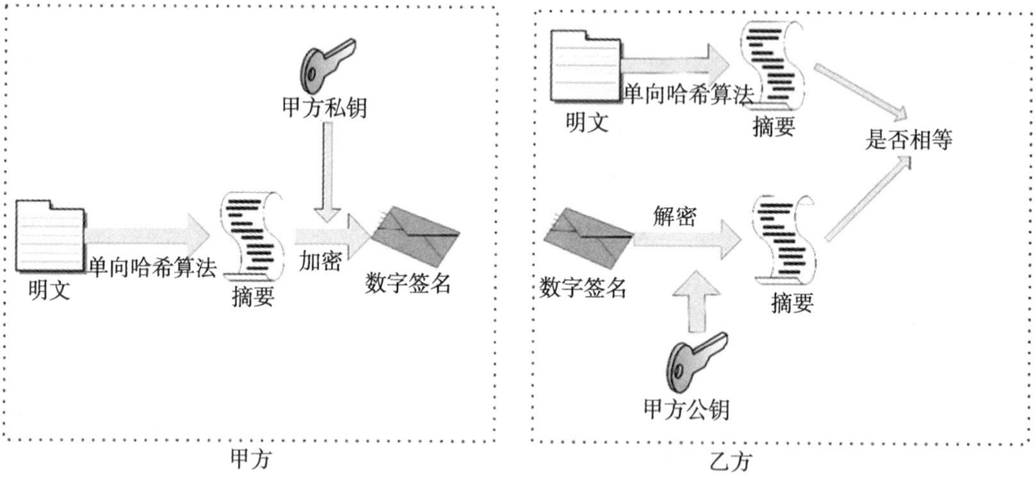

图 6-1　数字签名的加解密过程示意图

4. 数字签名技术方法

数字签名包括普通数字签名和特殊数字签名。普通数字签名算法有 RSA、ElGamal、Fiat-Shamir、Schnorr、Des/DSA、椭圆曲线数字签名算法和有限自动机数字签名算法等。特殊数字签名有盲签名、代理签名、群签名、不可否认签名、公平盲签名、门限签名、具有消息恢复功能的签名等，它与具体应用环境密切相关。

5. 数字签名的应用

数字签名主要应用于以下几个方面。

（1）利用数字加密和数字签名。在使用数字签名技术的过程中，虽然信息的完整性和不可伪造性能够得到有效的保障，但是信息传送的保密性并不能得到保证，进行数据传输的过程中，凡是知道发送者公开密钥的人均可以对传输的信息进行阅读。为了充分保障网络信息安全，使网络信息传送的完整性、保密性和不可抵赖性同时得到有效保障，需要对传输的数据信息进行数字加密和数字签名。传送方为 A，接收方为 B，需要进行传输的信息为 M，其中发送方 A 的公开密钥和私有密钥分别为接收方的 PKA 和 SKA，接收方 B 的公开密钥和私有密钥分别为 PKB 和 SKB。这种信息传送方式具有以下特点。

①数据完整性得到充分保障。当信息 M 在传输的过程中遭到破坏或者修改时，接收方 B 的数字签名则无法通过验证。

②通信的保密性得到保障。在信息的传输的过程中，除了 B 以外的第三方均无法获取相关信息内容，因为 DES 密钥是用接收方的公开密钥 PKB 加密的，只有利用接收方的私有密钥，才能对发送的文档信息进行解密。

③不可抵赖性。发送方 A 的数字签名是他人无法伪造的，所以发送方对其发送的消息不能进行抵赖。

（2）多人签字。在实际应用中，同一份报文常常需要多个人进行签字，利用数字签名技术进行多人签名的方法如下：首先对发送方的签名顺序进行设定，每个签名者在进行签名的过程中只需要验证前一个签名人的签名，当验证通过时，就可以在报文上面进行数字签名，如果无法通过验证，那么签名将无法继续进行。签名者在进行签名的过程中可以推算出前一个签名人和后面的签名人，并同时知道这两个人的公开密钥。较后一名在完成签名后，需要在信息和签名的基础上，加上公开加密信息并发送出去。在进行数字签名的过程中，接收方首先用自己的私密密钥 SK 对信息进行解密，然后使用公开密钥 PK 进行计算进而产生一个数字签名。在这个过程中如果验证失败，那么签名将会就此终止；如果验证成功，那么将通过签名序列分离出下一个签名，并重复同样的验证程序，如此循环至所有的签名均通过验证，则多人签名正式完成。

（3）时间戳的实现。数字签名的不可否认性是数字签名的重要特征之一。当发生经济纠纷时，就必须要对相关的证书（报告）的符合性进行证明，如果只是对签名人的身份和签名进行验证是远远不够的，因为涉及责任的签名人可能会对证书（报告）进行修改，然后利用自己的密钥在新文件上面进行二次签名。除此之外，也有可能是当事人的密钥遭到泄露，有人故意冒充当事人进行签名。为了有效地防范类似情况的发生，当事人在进行签名的过程中需要附加一个被法律或第三方认可的时间证据，类似邮戳的时间戳就这样产生。时间戳的实现使数字签名实现了不可否性，使用户的信息得到了实时的记录和保障。要实现时间戳，首先必须要有一台能够提供稳定时间源的服务器，与此同时，这台服务器所提供的时间源必须得到使用者的认可。因为当时间源提供的时间与用户的时间存在差异时，以时间源提供的时间为标准。另外，要想对时间源进行跟踪和修改必须要得到授权人的允许和操作，其修订的时间记录也会一并存入数据库内。用户在进行数字签名后，可以向时间源服务器提出时间申请，并将签名后的数据信息一并提供给服务器，服务器确定当前时间，并将其转化成字符串附加到签名后的数据中，同时将相关的信息存入数据库内。时间戳在日常管理中用到的机会并不多，当出现纠纷时，在第三方质量管理部门经授权申请后，打开数据库找到引起纠纷的报告（证书），对签名人的合法性等信息进行进一步验证，进而为解决纠纷提供有力的证明依据。

（4）数字签名在远程控制中的应用。随着互联网技术的快速发展和普及，远程管理逐渐发展为真正意义上的远程管理，大多数组织均可以通过 Internet 对其系统进行有效的远程管理。考虑到 Internet 是一个开放的网络环境，所以 Internet 的数据安全问题受到了人们的高度重视，其中 Internet 的数据安全问题主要包括以下几个方面。

①完整性。数据信息不被非法修改；

②机密性。除了正确用户本身，其他非法者无法读懂具体的数据信息；

③数据源认证。数据来自正确的用户。

在远程管理的过程中，数字的机密性成为其首要的安全问题，数据的安全问题主要表现作为数据的完整性和数据源的不可抵赖性。为了使数据的安全性得到有效保障，必须保证比较根本的两点：一是配置的数据信息不能被非法篡改；二是只有合法的用户才能对系统进行有效的管理。数字签名技术在实践应用的过程中其安全问题得到了有效的解决。数字签名技术在远程管理中的应用过程为：远程管理系统的客户端对相应的管理信息进行摘要，然后运用管理员的私钥对相应的信息摘要信息进行签名（加密）处理。根据相关信息内容的敏感程度，可以有选择性地对管理信息进行加密处理。然后将处理过的管理信息连同签名一起发送给远程管理系统的服务器端，服务器端会对相关的信息执行管理指令，在完成管理指令后也会对管理结果进行签名，并将管理指令的执行情况和签名一并发送给管理指令请求的管理员。

（5）特殊数字签名的应用。特殊数字签名在一些环境下也有相应的作用。盲文签名可应用于电子投票和电子现金等领域；群签名可应用于投标中；同时签名在数字签名的公平交换以及公平竞标等电子商务活动中有很好的应用；多重签名则主要用于一个文件需要多人签署的情况。

6.3.3　数字取证

数字取证是以数字证书为核心的加密技术，利用它可以对网络上传输的信息进行加密和解密，数字签名和签名验证，确保网上传递信息的机密性、完整性。

1. 数字证书的概念与功能

数字证书是提供在互联网上进行身份验证的一种权威性电子文档，由公正的第三方机构，即证书认证中心（CA）签发。人们可以在互联网交互中用它来证明自己的身份和识别对方的身份。在数字证书认证的过程中，证书认证中心的作用是至关重要的。

数字证书以加密传输、数字签名、数字信封等保密技术为核心技术，可以对网络上传输的信息进行加密和解密，数字签名和签名验证，确保网上传递信息的机密性、完整性及不可抵赖性。

2. 数字证书的分类

数字证书从应用角度可以分为以下几种：服务器证书（SSL 证书）、电子邮件证书、客户端证书。

（1）服务器证书（SSL 证书）。服务器证书被安装于服务器设备上，用来证明服务器的身份和进行通信加密。在服务器上安装服务器证书后，客户端浏览器可以与服务器证书建立 SSL 链接，在 SSL 链接上传输的任何数据都会被加密。同时，浏览器会自动验证服务器证书是否有效，验证所访问的站点是不是假冒站点，服务器证书保护的站点多被用来进行密码登录、订单处理、网上银行交易等。

（2）电子邮件证书。电子邮件证书可以用来证明电子邮件发件人的真实性。收到具有有效电子签名的电子邮件，除了可以确信邮件从指定邮箱发出外，还可以确信该邮件发出后没有被篡改过。另外，使用接收的邮件证书还可以向接收方发送加密邮件。该加密邮件可以在非安全网络传输，只有接收方的持有者才可能打开该邮件。

（3）客户端证书。客户端证书主要被用来进行身份验证和电子签名。安全的客户端证书被存储于专用的 USB Key 中。存储于 Key 中的证书不能被导出或复制，且 Key 使用时需要输入 Key 的保护密码。使用这种证书需要物理上获得其存储介质 USB Key，且需要知道 Key 的保护密码，也被称为双因子认证。目前，这种认证手段是 Internet 最安全的身份认证手段之一。Key 的种类很多，有指纹识别、第三键确认、语音报读，以及带显示屏的专用 USB Key 和普通 USB Key 等。

3. 数字证书的工作原理

数字证书颁发过程：用户首先产生自己的密钥对，并将公共密钥及部分个人信息传送给认证中心。认证中心在核实身份后，将执行一些必要的步骤，以确信请求确实由用户发送而来，然后认证中心将发给用户一个数字证书，该证书内容包含用户的个人信息和他的公钥信息，同时还附有认证中心的签名信息。用户就可以使用自己的数字证书进行相关的各种活动。数字证书由独立的证书发行机构发布。数字证书各不相同，每种证书可提供不同级别的可信度。可以从证书发行机构获得自己的数字证书。如图 6-2 所示。

6.3.4 数据库安全

数据库和数据库技术在不断增长的计算机应用中起着越来越大的作用。在计算机应用的各个领域，数据库都起着至关重要的作用。因而，数据库的安全也对数字资产安全起着决定性作用。

1. 数据库安全概述

数据库安全是指数据库的任何部分都不允许受到恶意侵害或未经授权地存取或修改，以保证数据的安全可靠和正确有效。

数据库安全主要包括三个方面的内容：保密性、完整性和可用性。保密性是指不允许未经授权的用户存取信息。完整性是指只允许被授权的用户修改数据。可用性则是指不应拒绝已授权的用户对数据进行存取。

2. 数据库安全标准

目前，国际上及我国均颁布了有关数据库安全的等级标准，最早也被最广泛采用的标准是美国国防部在 1985 年颁布的“可信计算机系统评估标准”（Trusted Computer System Evaluation Criteria，TCSEC），在此标准中将数据库安全划分为 4 组 7 级。我国于 1999 年颁布了“计算机信息系统评估准则”，该准则将数据库安全划分为五个级别。

（1）D 级。最低的安全形式，整个计算机是不可信任的。拥有这个级别的操作系统像个门户大开的房子。

（2）C1 级。有选择安全保护。要求有一定的硬件保护，用户使用前必须先登记到系统。它描述了一种用在 UNIX 系统上的安全级别。文件拥有者和根用户可以改动文件的访问属性，例如，文件拥有者有读写和执行的权力；同组用户有读和执行的权力；其他用户有读的权力。用户直接访问系统根用户，不能控制进入系统的用户的访问级别。

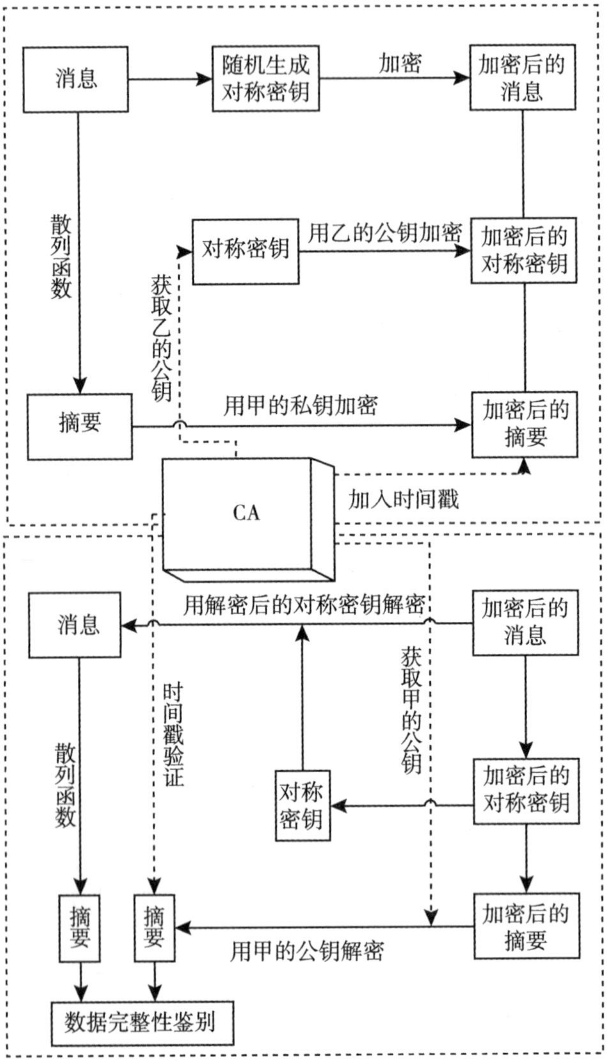

图 6-2　数字证书工作原理

（3）C2 级。访问控制保护，针对 C1 级的不足增加了几个特性，加入了身份验证级别，并加入了审计。

（4）B1 级。标号安全保护，是多级安全的第一级别，该级别说明一个处于强制性访问控制的对象，系统不允许文件的拥有者改变其许可权限。

（5）B2 级。结构保护，要求计算机系统中所有的对象都加标签，而且给设备分配单个或多个安全级别。

（6）B3 级。安全域级别，使用安装硬件的方式来加强域的安全。

（7）A 级。验证设计级别，整个系统要有严格的设计、控制和验证过程。

3. 数据库加密技术

数据库加密技术的基本思想跟数据加密是一致的。主要是通过一定的算法将原始数据转变为不可识别的格式，从而使不知道解密算法的人无法获知数据的内容，达到数据库数据信息的安全管理。主要的加密方法有系统中加密、DBMS（Database Management System）内核层（服务端）加密和 DBMS 外层（客户端）加密三种。

（1）系统中加密。将数据先在内存中进行加密，然后文件系统把每次加密后的内存数据写入数据库文件中去，读取时再逆操作进行解密，这种加密方法相对简单，只要妥善管理密钥就可以了。缺点是对数据库的读写都比较麻烦，每次都要进行加解密的工作，对程序的编写和读写数据库的速度都会有影响。

（2）DBMS 内核层加密。在 DBMS 内核层加密时需要对数据库管理系统本身进行操作，这种加密是指数据在物理存取之前完成加/解密工作。这种加密方式的优点是加密功能强，并且加密功能几乎不会影响 DBMS 的功能，可以实现加密功能与数据库管理系统之间的无缝耦合；缺点是加密运算在服务器端进行，加重了服务器的负载而且 DBMS 和加密器之间的接口需要 DBMS 开发商的支持。

（3）DBMS 外层加密。DBMS 外层加密将数据库机密系统做成 DBMS 的一个外层工具，根据加密要求自动完成数据库数据的加解密处理，加/解密运算可在客户端进行，它的优点是不会加重数据库服务器的负载，并且可以实现网上传输的加密；缺点是加密功能会受到一些限制，与数据库管理系统之间的耦合性较差。

6.4 数字版权保护

数字版权管理（Digital Rights Management，DRM），是以一定的计算方法，实现对数字内容的保护。DRM 是采取信息安全技术手段在内的系统解决方案，在保证合法的、具有权限的用户对数字信息正常使用的同时，保护数字信息创作者和拥有者的版权，根据版权信息使其获得合法收益，在版权受到侵害时能够鉴别数字信息的版权归属及版权信息的真伪，并确定盗版数字作品的来源。

DRM 系统的执行流程可简单描述如下：首先，创作者创建了原始数字内容之后，由发行者进行打包和内容保护，通常要对数字内容进行加密和/或嵌入数字水印，并制定数字内容的使用权利和约束条件；其次，数字内容被分发给运营者，以便为数字内容定义适宜的价格和商业模型；最后，消费者可以根据该价格和商业模型，购买受保护的内容以及相应的权利和约束条件（通常以许可证形式发放），如果数字内容是经过加密的，购买者还需要购买解密密钥（通常内含于许可证），最后才能按照权利和约束条件使用该数字内容。

思考题

1. 什么是信息安全？
2. 信息安全的特征是什么？
3. 简单介绍数字签名技术。
4. 简单介绍数字水印技术。

第 7 章　典型数字内容管理系统及其架构

主要介绍数字内容管理系统软件的特点，进而介绍系统软件的设计原理和基本架构，最后以某内容管理系统为例介绍了系统的基本组件架构和系统的实际开发和应用。

7.1　软件设计

7.1.1　数字内容管理系统的特点

内容是任何类型的数字信息，可能是文本、图形图像、Web 页面、业务文档、数据库表单、视频、声音、XML 文件等结构化或非结构化数据，是一种位于 Web 端和后端业务应用系统、办公系统或流程之间的软件系统。

内容管理系统主要有发布平台多样化、表现形式个性化、数据对象多样化、数据管理分布化和人机交互多样化等特点。内容管理系统常见的发布平台有 Web、移动终端、客户端、传统媒体、跨媒体等，不同的平台内容及形式不同，以 Web 端为例：在表现形式方面，发布可以根据用户需求呈现个性化显示，每个栏目或内容页面运用不同的模板，随时能编辑、修改网站页面。在数据对象方面，系统支持 flash、音频、视频、超链接、特殊子元素等。在数据管理方面和人机交互方面，可以实现基本的在线文字排版、线上图片处理等，同时可以切换预设的模板方案，更换网站页面。

7.1.2　软件设计原理

数字内容管理系统典型的任务是：服务大量的用户、管理大量的资产、存储海量的数据，因此必须具有很高的性能和可靠性，若采用大型中心服务器和数据库加以实现，必然会产生瓶颈。因此，管理系统设计所依据的原则是：通过分布式实现可扩展性，以便在需要提高性能或存储空间时，可以方便地给系统增加资源。

通过分布式实现可扩展性包括以下几个方面：架构的每个组件必须能在专用的服务器平台上运行，所有组件间的通信必须完全基于网络；由于系统的组件可能被分布到在物理上相隔很远的服务器上，采用的网络协议应能够通过广域网实现组件间的通信；系统的组件应该被设计成能够同时满足多个请求，并行地运行，通过负载分配提高可用性和性能；系统的组件不应该有对特定硬件可用性的要求；应该能在系统硬件架构中的任何一个服务器平台上运行；系统的组件应该能在其他数字内容管理系统的组件没有响应或发生故障时，具有自身的弹性，即它们必须具有作为标准功能模块的多重连接策略和恢复方法。

内容管理系统的软件结构由服务组、服务器、代理器和管理器四个层次构成。服务是指在整个架构中自身包含的、用于执行特定任务的模块，可加强内容管理系统的功能。这种功能性模块包括上载、输入输出、素材分析、索引、转换、转码、对素材的修剪和拼接等在一个服务组中，每个服务实例在一个专用服务器上运行。借服务和服务器平台，服务可提供一定量的资源（即可由它并行处理的任务）。

在单一服务器层次上，建构对于特定服务组件的多个实例，以达到最优性能和可用性。在组织中的单一位置，建构多存储簇，以达到最大的灵活性和可扩展性。对组织的多位置进行集成，使之看上去像是单个的统一系统。多组织之间的交互，使得它们能够无缝地共享选定的项目。内容管理系统的层次结构如图 7-1 所示。

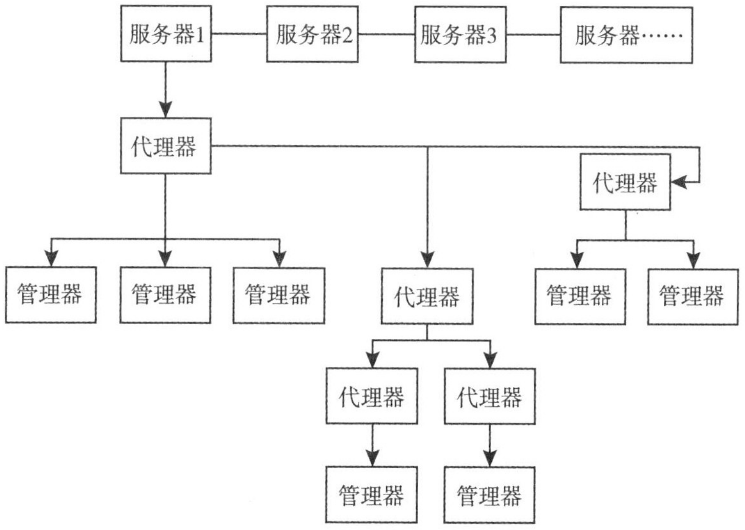

图 7-1 内容管理系统层次结构

7.2 数字内容管理案例分析

7.2.1 某内容管理系统简介

某内容管理系统是从数字化图书馆系统管理平台逐渐发展到适用于所有行业数字内容管理的一个通用内容管理平台，它是专门针对管理分散的非结构化的数字内容设计开发的，可为用户提供一个完整的数字内容管理解决方案。该系统是基于关系型数据库管理系统（RDBMS）设计的，它继承了数据库本身的优点，如鲁棒性、事务性、数据完整性等，同时其成熟的数据库设计模型和理念也非常适合管理分散的非结构化媒体数据文件。

7.2.2 数字内容管理系统组件分析

数字内容管理系统是一个涉及各行业的软件产品家族，它包括不同应用领域的多个软件产品，通常情况下这些软件产品支持多种流行操作系统平台，具有很好的开放性。

（1）数据库管理系统是实现数字内容管理的核心部件，可以选择 DB2、SQL Server 或者 MySQL 等，主要任务是对数字化信息、媒体信息进行组织和管理。由以下组件组成：一是 Content Manager Library Server，二是 Content Manager Resource Manager Server。该系统集成了一些图形化的管理工具，具有 5 种功能。

①Library Server 配置，主要提供语言、访问权限和性能配置功能。

②Resource Manager Server 配置，主要提供分级存储设备、分级存储策略配置功能。

③数据库管理，提供数据库关键字段和索引类定义。

④用户管理，提供灵活的用户访问权限、用户组和权限集合定制功能。

⑤工作流管理，提供自定义的工作节点和工作流程的定制功能。

（2）企业信息发布门户是用户访问内容管理服务器的入口，为用户访问内容提供了许多增强的功能。对媒体资产管理系统来说，最主要的是提供了内容管理系统服务器的连接和存取功能、全文检索、图像检索组件，用户还可以通过自定义设计，实现对后台多种不同类型内容服务器进行的联合检索，如 Content Manager Server，RDBMS，Lotus Domino 等。这种兼容性和灵活性为系统架构设计带来很多方便。

（3）视频服务器是根据用户请求，从 Internet 或 Intranet 上传送流媒体信息，实现网上流媒体点播、多址广播，与指定的视频采集卡结合。视频可以实时编码并通过 Video Charger 进行广播，用户可通过 Video Charger 提供的 Web 浏览器插件，观看和收听视频、音频内容。

7.2.3　数字内容管理系统基础架构模型分析

该数字内容管理系统的架构是基于三角形模型建立的，是由客户端、1 个索引服务器（Library Server）和 1 个或多个资源管理服务器（Resource Manager Server）组成。索引服务器存储媒体数据的索引信息，资源管理服务器存放真正的二进制媒体对象，用户客户端的访问直接或者通过 Web 请求发送给索引服务器，索引服务器根据请求内容将结果分离传送，文字部分通过索引服务器返回到客户的终端，媒体对象从存储它们的资源服务器返回。这种分布式的体系结构具有高可靠性、安全性、扩展性、高性能等特点。

（1）索引服务器。索引服务器安装了 Library Server 软件，相当于系统的数据库服务器、管理系统的元数据信息和其他资源管理服务器，同时它也为整个内容管理系统提供了丰富的内容管理工具。如果不考虑集群的话，在整个媒体资产管理系统中索引服务器只需部署 1 台，所有用户的数据请求由 Library Server 处理，它负责将结果和媒体数据文件的位置信息返回给客户端软件，通过索引服务器与客户端的通信，保证了数据对象的一致性。

（2）资源管理服务器。数字内容管理系统中的资源管理服务器相当于内容管理系统的数据存储库，可以有效和自动地存储海量的非结构化数字对象信息，并支持从 GB 级到 TB 级，甚至到 PB 级的扩展。用户存储、检索、提取存储在资源管理服务器上的媒体数据都由索引服务器完成，底层数据库的关联可以保证元数据和数据对象之间的一致性、完整性和安全性。

(3) 视频服务器。安装 Video Charger 软件的服务器可以看作一个特殊的资源管理服务器，它不仅可以存储数据，而且还可提供系统流媒体网上播放服务。

7.2.4 某数字内容管理系统的实际开发与应用

1. 数据库设计

该数字内容管理系统同时支持 DB2 Uinveral Database 数据库和 Oracle 数据库与系统的无缝集成。该数字内容管理系统提供了一套有效、灵活的数据模型设计和管理工具，来设计定义系统的数据库模型，组织管理多种多样的数字内容。在该系统中有两个重要的概念：

一是文档。它具有多个可自定义的属性，这点有些类似数据库中记录的概念，可以与多个媒体数据文件及其相关特性绑定在一起。

二是文件夹。它可以具有多个可自定义的属性，提供类似文件系统中文件夹的功能，内容管理系统中的文件夹可以看作一个记录，可以包含多级文档和文件夹，组织成一棵树形结构。关键是在一个索引类中，每个文件夹包含文档或者文件夹的个数是不同的，这非常适合对文档、关键帧图片不定数量文件的管理。

2. 工作流管理

该数字内容管理系统内置了简单的工作流管理，提供了简单、易于实现的基于文档处理的工作流能力。它的工作流支持串行的工作流程，以及支持分支流程管理的动态工作流，在工作节点中可以定义等待处理的工作包的优先级并进行排序，还可以通过工作节点上定义的访问控制权限，轻松地规定哪些用户具有处理其中文档或文件夹的权限。

3. 节目资料查询检索

该数字内容管理系统的多元搜索引擎提供了多渠道的信息检索技术。在搜索引擎的基础上可以针对用户需要开发并组合不同检索方式对数字资源进行全方位检索，包括：基于参量检索方式的元数据检索（基于数据库字段的精确检索）；基于全文检索方式的元数据全文检索（基于全部数据库字段的模糊检索）；基于全文文本检索的文字内容检索（对绑定文档的全文精确检索）；基于图像颜色和图像纹理的检索（基于 QBIC 技术图像检索）；基于联合检索的跨异构数据库检索（通过 IBM EIP 实现的对多种后台服务器的联合检索）；基于自然语言处理的信息挖掘（基于语义的检索）。所有这些，都是从功能上分层实现检索技术，对于实际用户来讲，检索同编目、用户权限、级别有很大的关系，也同用户对检索功能的需求有直接关系。检索往往是根据系统编目数据结构的变化和用户需求来设计开发的。

4. 流媒体播放

媒体资产管理系统中必不可少的是流媒体播放的应用，在编目、检索等内容管理环节上都涉及网上节目的点播。流媒体播放是一个非常成熟的技术，在互联网已经广泛应用，目前常见流媒体服务器软件有 Window Media Server，Real Server，它们都能实现点播、多播、广播和质量、带宽控制。在流媒体格式兼容的条件下，媒体资产管理系统中流媒体的播放可以采用以上技术来实现，但是 Video Charger 的优势在于：支持的媒体格式种类多；对码率带宽范围广；支持多种操作系统；系统构建扩展性强，包含 Video Charger Player

播放软件，支持精确到帧的播放。因此，对媒体资产管理系统中低码流访问需求较大的用户，采用 Video Charger 作为视频服务器，从技术层面上看是一个比较合适的选择。

5. 节目资料近线磁带库存储

数字内容管理系统中数字化后的节目资料主要包括高码率视音频文件、低码率视音频文件、关键帧图片、电子文档。该系统与 IBM TSM 结合可以自动归档存储管理的关键帧图片和电子文档，与 Video Charger、IBM TSM 结合则可以自动归档备份低码率视音频文件。这两种方式不需要应用程序的定制开发，系统会在近线磁带库和在线磁盘阵列中迁移和回迁数据文件，用户完全是透明地访问节目资料内容。对于高码率视音频文件的磁带库存储通常还需要利用存储管理系统的 API 进行二次开发，实现针对特定用户需要的数据迁移和离线存储管理软件。

整体而言，该数字内容管理系统开放的接口能够与现有的任何一种类型二次开发的存储管理软件结合而不会破坏原有存储管理软件的结构或者出现兼容性问题，还能使高码率文件的存储管理与该系统的内容管理快速地融合，实现统一、完整意义的数字内容管理系统。

思考题

1. 数字内容管理系统的特点是什么？
2. 典型数字内容管理系统的架构包括哪些内容？

参考文献

[1] 孙一中 . XML 理论与应用基础［M］. 北京：北京邮电大学出版社，2000.
[2] 刘开瑛 . 中文文本自动分词和标注［M］. 北京：商务印书馆，2000.
[3] 胡栋 . 静止图像编码的基本方法与国际标准［M］. 北京：北京邮电大学出版社，2003.
[4] J. C Ingemar 等 . 数字水印［M］. 王颖，黄志蓓等，译 . 北京：电子工业出版社，2003.
[5] 王青海 . 基于视觉特性的小波变换编码及图像质量评价方法的研究［M］. 上海：上海大学出版社，2004.
[6] 杨高波 . 基于内容多媒体应用的语义视频对象提取及评价［M］. 上海：上海大学出版社，2004.
[7] 刘峰 . 视频图像编码技术及国际标准［M］. 北京：北京邮电大学出版社，2005.
[8] 郭薇，郭青，胡志勇 . 空间数据库索引技术［M］. 上海：上海交通大学出版社，2006.
[9] 杜鹏 . 基于 SVM 的中文文本分类与分词方法研究［M］. 徐州：中国矿业大学出版社，2008.
[10] 陈善学 . 矢量量化与图像处理［M］. 北京：科学出版社，2009.
[11] 章成志，白振田 . 文本自动标引与自动分类研究［M］. 南京：东南大学出版社，2009.
[12] 魏晟，吴晓川 . 当代信息检索技术［M］. 北京：科学出版社，2010.
[13] 胡运发 . 数据索引与数据组织模型及其应用［M］. 上海：复旦大学出版社，2012.
[14]［美］莱特斯通，［美］特里，［美］纳多 . 物理数据库设计 索引、视图和存储技术［M］. 北京：清华大学出版社，2012.
[15] 赵霜 . 数据安全存储与数据恢复［M］. 西安：西北工业大学出版社，2013.
[16] 罗强 . 图像压缩编码方法［M］. 西安：西安电子科技大学出版社，2013.
[17] 李新叶 . XML 智能信息检索技术［M］. 北京：中国电力出版社，2013.
[18] 唐俊开 . HTML5 技术与移动出版［M］. 北京：电子工业出版社，2013.
[19] 苗夺谦，卫志华，张志飞 . 中文信息处理原理及应用［M］. 北京：清华大学出版社，2015.
[20] 陈荣，霍丽萍 . 信息索引与案例研究［M］. 上海：华东理工大学出版社，2015.
[21] 隋爱娜 . 数字内容安全技术［M］. 北京：中国传媒大学出版社，2016.

[22] 杨榆，雷敏．信息隐藏与数字水印［M］．北京：北京邮电大学出版社，2017.
[23] 张茹．数字内容安全［M］．北京：北京邮电大学出版社，2017.
[24] 宋华珠．基于本体的数字内容数据管理技术［M］．北京：科学出版社，2018.
[25] 刘耀，朱礼军，靳玮．信息资源挖掘与发现关键技术研究［M］．北京：科学技术文献出版社，2018.
[26] 徐红云．网络信息检索［M］．广州：华南理工大学出版社，2018.
[27] 梁栋．基于内容的图像检索中若干关键问题研究［D］．上海：上海交通大学，2006.
[28] 杨建兵．网络存储安全技术研究［D］．上海：上海交通大学，2007.
[29] 陈博．WEB 文本情感分类中关键问题的研究［D］．北京：北京邮电大学，2008.
[30] 张晶晶．数字档案存储介质及格式研究［D］．苏州：苏州大学，2009.
[31] 周程远．中文自动分词系统的研究与实现［D］．上海：华东师范大学，2009.
[32] 陈颖博．数字图书馆检索系统的研究及开发［D］．上海：华东师范大学，2009.
[33] 曹卫峰．中文分词关键技术研究［D］．南京：南京理工大学，2009.
[34] 曾伟辉．支持 AJAX 的网络爬虫系统设计与实现［D］．合肥：中国科学技术大学，2009.
[35] 祝颖．基于 DITA 的技术文档写作研究［D］．北京：北京大学，2010.
[36] 蒋玲．面向学科的知识元标引关键技术研究［D］．武汉：华中师范大学，2011.
[37] 黄亮．Web 漏洞扫描系统中的智能爬虫技术研究［D］．杭州：杭州电子科技大学2012.
[38] 刘宇驰．数字媒体技术在博物馆展示中的合理应用［D］．上海：复旦大学，2012.
[39] 温劲楠．基于 XML 的媒体内容管理系统的研究与实现［D］．南昌：南昌大学，2012.
[40] 何嘉．基于遗传算法优化的中文分词研究［D］．成都：电子科技大学，2012.
[41] 董坚峰．面向公共危机预警的网络舆情分析研究［D］．武汉：武汉大学，2013.
[42] 邹杰利．基于条件随机场的中文图书主题自动标引研究［D］．南京：南京大学，2013.
[43] 李涛．服务搜索引擎中服务索引及语义索引功能的设计与实现［D］．北京：北京邮电大学，2013.
[44] 陈宇．四川移动互联网电视内容管理管理基础平台设计与实现［D］．成都：电子科技大学，2014.
[45] 张力．Web 信息自动标引研究［D］．杭州：浙江大学，2014.
[46] 王招凡．数字报自动标引系统的设计与实现［D］．广州：华南理工大学，2015.
[47] 杨朝欢．基于深度学习的重复视频检测［D］．杭州：浙江大学，2016.
[48] 皮洋．视频图像内容匹配与检索研究［D］．长沙：湖南大学，2017.
[49] 孙彬．基于内容的视频分析关键技术研究［D］．南京：南京邮电大学，2017.
[50] 杨德志．基于图书内容的书后索引生成技术的研究与应用［D］．杭州：浙江大学，2017.

[51] 贾欢. 科学数据元数据互操作研究——以地球科学领域为例 [D]. 武汉：武汉大学，2017.
[52] 陈婵. 基于关联数据的数字图书馆 Web 服务语义关联与发布研究 [D]. 武汉：华中师范大学，2018.
[53] 杨伟强. 文物知识图谱的构建与应用 [D]. 天津：天津大学，2018.
[54] 冯亚沛. 基于内容的图像特征提取及应用 [D]. 杭州：浙江大学，2018.
[55] 张兆锋. 基于知识图谱的技术功效图自动构建及其应用研究 [D]. 南京：南京大学，2018.
[56] 张豪. 面向云存储的数据安全技术研究与应用 [D]. 成都：电子科技大学，2019.
[57] 张勇. 大数据时代国内按需出版发展研究 [D]. 青岛：青岛科技大学，2019.
[58] 万夙婕. 我国图书内容索引款目格式规范化研究 [D]. 北京：北京印刷学院，2019.
[59] 管欣鑫. 文本摘要自动提取技术在数字出版中的应用 [D]. 北京：北京印刷学院，2020.
[60] 单文远. 分布式主题网络爬虫研究与设计 [D]. 成都：电子科技大学，2020.
[61] 范炜. 达尔文信息类型架构 DITA 研究 [J]. 情报杂志，2009 (11).
[62] 戴超凡，王涛，张鹏程. 数据起源技术发展研究综述 [J]. 计算机应用研究，2010，27 (9).
[63] 高昂，李秦，程越. DITA 标准数字出版流程研究 [J]. 出版科学，2013，21 (6).
[64] 李冠辰. 一个基于 Hadoop 的并行社交网络挖掘系统 [J]. 软件，2013 (12).
[65] R Baeza-Yates, B Ribeiro-Neto. Modern Information Retrieval [M]. New York: ACM Press, 1999.
[66] C D Manning, H Schütze, P Raghavan. Introduction to Information Retrieval [M]. Cambridge University Press, 2008.
[67] J Z. Pan. Resource Description Framework [M]. Handbook on Ontologies. Springer, Berlin, Heidelberg, 2009.
[68] J Wang. An Extensive Study on Automated Dewey Decimal Classification [M]. John Wiley & Sons, Inc. 2009.
[69] E Keathley. Digital Asset Management: Content Architetures, Project Management, and Creating Order Out of Media Chaos: Second Edition [M]. CreateSpace Independent Publishing Platform, 2015.
[70] R. C., Huang, S. K., Heieh, K. J., Chen. Mandarin Chinese Words and Parts of Speech [M]. Tylor & Francis, 2016.
[71] I Goodfellow, Y Bengio, A Courville, et al. Deep Learning [M]. Cambridge: MIT Press, 2016.
[72] B R Boyce, D H Kraft, C T Meadow, et al. Text Information Retrieval Systems [M]. Elsevier, 2017.
[73] R. C., Huang, S. K., Heieh, K. J., Chen. Mandarin Chinese Words and Parts of

Speech: A Corpus-based Study [M]. Tylor & Francis, 2017.
[74] Y. Han. Digital Content Management: The Search for a Content Management System [R]. Arizona: The University of Arizona Libraries, 2004.
[75] M Antonini, M Barlaud, P Mathieu, et al. Image Coding Using Wavelet Transform [J]. IEEE Transactions on Image Processing, 1992, 1 (2): 205-220.
[76] V N Gudivada, V V Raghavan. Content Based Image Retrieval Systems [J]. Computer, 1995, 28 (9): 18-22.
[77] C. C. , Hsu, W. W. , Chu. A Knowledge-based Approach for Retrieving Images by Content [J]. IEEE Transactions on Knowledge and Data Engineering, 1996, 8 (4): 522-532.
[78] T Bray, J Paoli, et al. Extensible Markup Language (XML) 1.0 [J]. World Wide Web Journal, 1997, 2 (4): 29-66.
[79] S Brin, L Page. The Anatomy of a Large-Scale Hypertextual Web Search Engine [J]. Computer Networks and ISDN Systems, 1998, 30 (1-7): 107-117.
[80] Y Rui, T S Huang, S F Chang. Image Retrieval: Current Techniques, Promising Directions, and Open Issues [J]. Journal of Visual Communication and Image Representation, 1999, 10 (1): 39-62.
[81] A KJain, M N Murty, P J. Data Clustering: A Review [J]. ACM Computing Surveys, 1999, 31 (3): 264-323.
[82] A Zisman. An Overview of XML [J]. Computing & Control Engineering Journal, 2000, 11 (4): 165-167.
[83] S Arnold, W. M, et al. Content-Based Image Retrieval at the End of the Early Years [J]. IEEE Transactions on Pattern Analysis & Machine Intelligence, 2000, 22 (12): 1349-1380.
[84] E. Duval, W. Hodgins, S. Sutton, et al. Metadata Principles and Practicalities [J]. D Lib Magazine, 2002, 8 (4): 1082-9873.
[85] S Fabrizio. Machine Learning in Automated Text Categorization [J]. ACM Computing Surveys, 2002, 34: 1-47.
[86] K Tieu, P Viola. Boosting Image Retrieval [J]. International Journal of Computer Vision, 2004, 56 (1-2): 17-36.
[87] E Bertino, R Sandhu. Database Security-concepts, Approaches, and Challenges [J]. IEEE Transactions on Dependable and Secure Computing, 2005, 2 (1): 2-19.
[88] M S Lew, N Sebe, C Djeraba, et al. Content-based Multimedia Information Retrieval: State of the Art and Challenges [J]. ACM Transactions on Multimedia Computing Communications & Applications, 2006, 2 (1): 1-19.
[89] R Datta, D Joshi, L Jia, et al. Image Retrieval: Ideas, Influences, and Trends of the New Age [J]. ACM Computing Surveys, 2008, 40 (2): 1-60.
[90] A Bosch, A Zisserman, X Muoz. Scene Classification Using a Hybrid Generative/

Discriminative Approach [J]. IEEE Transactions on Pattern Analysis and Machine Intelligence, 2008, 30 (4): 712-727.
[91] K He, J Sun, X. Tang. Guided Image Filtering [J]. IEEE Transactions on Pattern Analysis and Machine Intelligence, 2010, 35 (6): 1397-1409.
[92] A. Cheddad, J. Condell, K. Curran, et al. Digital Image Steganography: Survey and Analysis of Current Methods [J]. Signal Processing, 2010, 90 (3): 727-752.
[93] J R., Park, Y Tosaka. Metadata Creation Practices in Digital Repositories and Collections: Schemata, Selection Criteria, and Interoperability [J]. Information Technology and Libraries, 2010, 29 (3): 104-116.
[94] B S Manjunath, W Y Ma. Texture Features for Browsing and Retrieving of Large Image Data [J]. IEEE Transactions on Pattern Analysis and Machine Intelligence, 2011, 33 (1): 117-128.
[95] M. C., Turpin. DITA Best Practices: A Roadmap for Writing, Editing, and Architecting in DITA [J]. Technical communication, 2012, 59 (4): 356-357.
[96] E. Turban, D. King, J. Mckay, et. al. Electronic Commerce: A Managerial Perspective [J]. Computer Networks, 2012, 32 (6): 667-668.
[97] M A Kausar, V S Dhaka, S K Singh. Web Crawler: A Review [J]. International Journal of Computer Applications, 2013, 63 (2): 31-36.
[98] J. Fan, F. Han, H. Liu. Challenges of Big Data Analysis [J]. National Science Review, 2014, 2: 293-314.
[99] K. Golub, M. Lykke, D. Tudhope. Enhancing Social Tagging with Automated Keywords from the Dewey Decimal Classification [J]. Journal of Document, 2014, 70 (5): 801-828.
[100] J Wang. An Extensive Study on Automated Dewey Decimal Classification [J]. Journal of the Association for Information Science & Technology, 2014, 60 (11): 2269-2286.
[101] S. R., Sreeja, S. Chaudhari. Review of Web Crawlers [J]. International Journal of Knowledge & Web Intelligence, 2014, 5 (1): 49-61.
[102] Y LeCun, Y Bengio, G Hinton. Deep learning [J]. Nature, 2015, 521 (7553): 436-444.
[103] J Schmidhuber. Deep Learning in Neural Networks: An Overview [J]. Neural Networks, 2015, 61: 85-117.
[104] H Palangi, L Deng, Y Shen, et al. Deep Sentence Embedding Using Long Short-Term Memory Networks: Analysis and Application to Information Retrieval [J]. Audio, Speech, and Language Processing, IEEE/ACM Transactions on, 2016, 24 (4): 694-707.
[105] A. J., Duben. DITA —The Topic-based XML Standard: A Quick Start [J]. Computing Reviews, 2017, 58 (4): 234-235.
[106] C. Mathieu. Practical Application of the Dublin Core Standard for Enterprise Metadata

Management [J]. Bulletin of the Association for Information Science and Technology, 2017, 43 (2): 29-34.

[107] F. Javier, D. Martínez-Prieto, A. Miguel, et al. Characterising RDF Data Sets [J]. Journal of Information Science, 2018, 44 (2): 203-229.

[108] J. Mao, W. Tian, Q. Da. Representing Natural Language Sentences in RDF Graph and Discourse Representation for Ontology Mapping [J]. Advances in Computational Sciences and Technology, 2018, 11 (8): 707-714.

[109] K. R. Malik, M. A. Habib, S Khalid, et al. A Generic Methodology for Geo-related Data Semantic Annotation [J]. Concurrency and Computation: Practice and Experience, 2018, 30 (15): e4495. 1-e4495. 13.

[110] S. R. M., Sekhar, G. M., Siddesh, S. S., Manvi, et al. Optimized Focused Web Crawler with Natural Language Processing Based Relevance Measure in Bioinformatics Web Sources [J]. Cybernetics and Information Technologies, 2019, 19 (2): 146-158.

[111] A. Guenes, O. M., Tamer, K. Daudjee. Building Self-clustering RDF Databases Using Tunable-LSH [J]. VLDB journal: The International Journal of Very Large Data Bases, 2019, 28 (2): 173-195.

[112] F. Abedini, M. R., Keyvanpour, M. B., Menhaj. Neural Tensor Network Training Using Meta-Heuristic Algorithms for RDF Knowledge Bases Completion [J]. Applied Artificial Intelligence, 2019, 33 (7): 656-667.

[113] R. Taelman, P. Colpaert, E. Mannens, et al. Generating Public Transport Data Based on Population Distributions for RDF Benchmarking [J]. Semantic Web, 2019, 10 (2): 305-328.

[114] P Zhao, L I Yan. A Methodology for Indexing Temporal RDF Data [J]. Journal of Information Science and Engineering, 2019, 35 (4): 923-934.

[115] V. Shkapenyuk, T. Suel. Design and Implementation of a High-performance Distributed Web Crawler [C]. Proceedings 18th International Conference on Data Engineering, IEEE, 2002: 357-368.

[116] N. Harrison. The Darwin Information Typing Architecture (DITA): Applications for Globalization [C]. International Professional Communication Conference IEEE, 2005: 115-121.

[117] J Wan, D Wang, S. C. H Hoi, et al. Deep Learning for Content-Based Image Retrieval: A Comprehensive Study [C]. International Conference on Multimedia, ACM, 2014.

[118] F Zhao, Y Huang, L Wang, et al. Deep Semantic Ranking Based Hashing for Multi-Label Image Retrieval [C]. IEEE Conference on Computer Vision and Pattern Recognition (CVPR), 2015: 1556-1564.

[119] J Guo, S Zhang, J Li. Hash Learning with Convolutional Neural Networks for Semantic Based Image Retrieval [C]. Pacific-asia Conference on Knowledge Discovery & Data

Mining. Springer, Cham, 2016.

[120] J Mason, K Kyei, D Long, et al. A Framework for Identity Based on Situation Theory [C]. The ACMSE 2018 Conference. ACM, 2018.

[121] https://www.runoob.com/rdf/rdf-tutorial.html.

[122] https://www.w3school.com.cn/xml/index.asp.